シリーズ
21世紀の経済地理学

鈴木洋太郎

Yotaro Suzuki

産業立地論

ECONOMIC GEOGRAPHY

原書房

は し が き

―地域格差をもたらす企業の空間行動の基礎理論をわかりやすく解説―

　過密・過疎や地域格差など現代日本の重要な社会問題は，東京一極集中，太平洋ベルト地帯への一軸集中，広域ブロックにおける中枢都市集中など，国土の空間構造＝国土構造の形成と密接に関わっている。この国土構造は，市場社会の担い手である企業の空間行動と居住地選択や通勤・通学，観光など余暇にみられる市民の空間行動の２大要因によって形成されている。このうち前者の企業の空間行動を分析するものとして，伝統的な産業立地論があり20世紀初頭からの学問的蓄積を有している。加えて，20世紀最後の４半世紀以降の情報化の進展によって，本社・支社などの営業拠点，工場などの生産拠点，研究開発拠点を地球上で一体として立地展開する国際企業の活動が世界経済の空間構造理解に欠かせないものになった。その意味では，伝統的な産業立地論は，複数の事業所を抱え，世界レベルで展開する国際企業の立地行動を包摂した新しい理論的枠組みへの展開が求められている。

　本書は，現代の国内および世界の空間構造について表面的な現象だけを追い求めるのではなく，伝統的な産業立地論をベースに，部分的にではあるが新たな枠組みを提起してきた欧米の空間経済学をわかりやすく解説した著作である。しかも，産業立地論と企業行動論，ミクロな立地論とマクロな空間構造論を理論的に統一し，他方，企業の立地行動と立地選択の対象となる立地環境，立地モデルと特定企業の立地行動など，理論と現実との統一をも考察した著作である。新しい分野に挑戦するレベルの高い研究書だけでなく，大学生や大学院生へのわかりやすい入門書でもあり，かつ，地域振興政策を真剣に模索している行政や地元経済界，市民にも大いに参考となる著作である。

　本書は，気鋭の経済地理学者の執筆を中心とした「シリーズ　21世紀の経済地理学」（全10巻を予定）の，1巻目となる。本書を手はじめに今後年2〜3巻の発行を予定している本シリーズの，今後の展開に期待して下さい。

　　　　　　　　　　　　　　　　　　　　編集代表　矢田俊文

目　　次

第Ⅲ部　グローバル化の中での産業集積―大阪の製造業集積を事例として―

序章　産業立地論とは何か

第1節　はじめに

　国や地域の経済社会は，工業や商業，サービス業など様々な産業活動によってダイナミックに変化している。産業立地論は，産業活動に関する諸問題を地理的（空間的）側面から研究する学問であり，図序−1に示されるように，その研究領域は経済学・経営学・地理学をまたがっている。産業立地論の先駆者の一人であるアルフレッド・ウェーバーの『工業立地論（諸工業の立地について）』が発行されたのは1909年であり，学問的な歴史は長い。

　だが，経済学や経営学の分野では，近年まで，産業立地論は特殊な学問であると軽視されてきた。国際経済学のポール・クルーグマンや経営戦略論のマイケル・ポーターらが産業立地研究（とくに産業集積の研究）に取り組んだことが，産業立地論の重要性を再認識させる1つの契機となったものの，産業立地論が経済学や経営学の分野で確かな地位を獲得したわけではない。クルーグマンやポーターはウェーバーの立地論をほとんど参考にしておらず，経済・経営問題の考察において伝統的な産業立地論の考え方を活用する余地はまだまだ大きいと考えられる。

　本書は，伝統的な産業立地論や近年の産業立地研究の成果を再整理しながら，グローバル化や産業集積形成など産業活動に関する現代的な問題の検討を通じて，産業立地論の体系化と新たな展開を試みるものである[1]。この序章では，産業立地論とはどのような学問であるのかを説明するとともに，本書の構成を述べる。

図序－1　産業立地論の研究領域

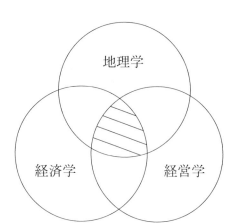

注）斜線部が産業立地論の主要な研究領域を示す。ただし、地理学と経済学、地理学と経営学が重な
　　る部分はすべて産業立地論の研究領域と考えることもできる。
出所）筆者作成。

第2節　産業立地の事例―パネルベイ―

　近年，シャープやパナソニック（松下電器）のテレビ用パネル工場などパネ
ル産業が大阪湾岸（ベイエリア）に集積する「パネルベイ」が注目されている。
以下では，パネルベイのケースを使って，「産業活動に関する諸問題を地理的（空
間的）側面から研究する」とは具体的にどのようなことであるかを論じてみる。
　下記の（1）および（2）は，パネルベイに関する『日本経済新聞』の記事である。
（1）「シャープの液晶関連新工場を巡る誘致合戦は，大阪府に軍配が上がった。
一大集積拠点の経済波及効果は1兆5千億円以上に上ると府はそろばんをはじ
く。地元企業には取引拡大などへの期待が高まっている。」「シャープが堺を選
んだのには地理的条件が大きく寄与した。『本社のある大阪市，技術開発拠点
の奈良県天理市，液晶テレビ・パネルを生産する三重県亀山市，太陽電池工場

の奈良県葛城市に近い』と片山幹雄社長は記者会見で語った。」(『日本経済新聞』2007年8月1日付)

(2)「薄型テレビは世界的に需要拡大が続く。液晶テレビやプラズマテレビの基幹部材であるパネルの製造拠点は,国内では近畿周辺に集積している。」「『パネルはまだまだ技術が進化する』(松下電器の大坪文雄社長)ため,研究開発拠点もある近畿に集中した方が効率的だからだ。薄型パネルの技術開発ではガラスやフィルムなど部材メーカーとの協業が重要で,そのための産業集積も大きくなる。シャープは堺の新工場を『21世紀型のコンビナート』(片山幹雄社長)と位置づけて,120ヘクタール超の敷地内に部材メーカーなどを誘致する。」(『日本経済新聞』2007年9月4日付)

　以上の記事から,大阪府がシャープの新工場を巡る誘致合戦(地域間競争)に勝利したということと,テレビメーカー(シャープ,パナソニック)が大阪府など近畿地域に基幹部材(パネル)の拠点を集中立地しつつあることが読み取れる。大阪府は企業誘致のための優遇措置として,2007年4月に企業立地促進条例を設け,先端産業補助金の上限額を150億円まで引き上げた。記事(1)に示されるように,シャープが堺を選んだ理由としては本社(大阪市)や研究開発拠点(天理市)などとの地理的近接性が最も重要であるが,大阪府による誘致政策も無視できない。

第3節　産業立地論の基本概念
―企業の立地行動と経済社会の立地環境―

　ところで,産業立地とは「産業活動の地理的配置」のことであり,産業立地は「集中的配置(集積)」と「分散的配置」といった2種類のタイプに大きく区分できる。パネル産業が集積するパネルベイは前者のタイプに該当する。もちろん,集中的配置や分散的配置にも様々なタイプが考えられる。

　産業活動の担い手は企業であるので,産業活動がどのように地理的に配置さ

4

れるのかは，「企業の立地行動」によって規定される。パネルベイの場合は，
テレビメーカーや部品・部材メーカー等の立地行動によって，その動向が決まっ
てくる。ただし，企業は立地環境（立地場所の経済的および非経済的な環境条件）
の良い所に立地しようとするので，企業の立地行動は「経済社会の立地環境」
に大きく影響される。また，パネルベイにおける大阪府の誘致政策のように，
政府の地域政策も「立地環境」に密接に関係している。

　なお，企業の立地行動には，工場や研究所などの各種の事業拠点をどの場所
に立地するのかといった「事業拠点の立地選択」だけでなく，企業行動の様々
な空間的側面が含められる（詳しくは，第2章で論じる）。

　産業立地（産業活動の地理的配置），企業の立地行動，経済社会の立地環境の
相互関係は，図序－2のように整理できる。つまり，経済社会の立地環境のも
とで企業の立地行動が行われ，その結果，産業活動の地理的配置が決まってく
る。そして，その産業活動の地理的配置の状況が経済社会の立地環境に影響を
与える。こうした繰り返しが「歴史的・動態的なプロセス」として把握される
のである。

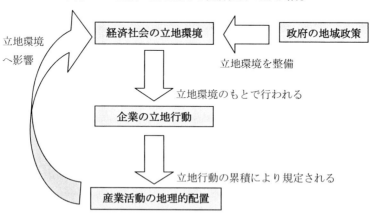

図序－2　企業の立地行動と経済社会の立地環境

注）企業の立地行動には，事業拠点の立地選択だけでなく，企業行動の様々な空間的側面が含まれる。
出所）筆者作成。

　以上のことから，産業活動に関する諸問題を地理的（空間的）側面から研究するのには，2つのアプローチがあると考えられる。1つは，立地主体（立地を決める経済主体）である企業の立場からの研究アプローチ（企業の立地行動アプローチ）である。もう1つは，立地場所である経済社会（国や地域）の立場からの研究アプローチ（経済社会の立地環境アプローチ）である。もちろん，企業の立地行動と経済社会の立地環境は相互に関係しているので，2つの研究アプローチは相互補完的なものである。ただし，分析の切り口を明確にするために，研究アプローチを2つに区分することが有用である。

第4節　企業の立地行動からみたパネルベイ

　以下では，まず，企業の立地行動アプローチによりパネルベイを検討してみる。

　図序−3に示されるように，シャープは液晶テレビ事業拠点を国内外に立地させている。海外の拠点はテレビ組立生産拠点であり，世界の主要市場ごとに配置されている。すなわち，北米市場向けにメキシコに，欧州市場向けにポーランドに，中国市場向けに南京に，東南アジア市場向けにマレーシアに，それぞれテレビ組立生産拠点が配置されている。日本（三重県・亀山）の拠点はパネル生産拠点および日本市場向けのテレビ組立生産拠点（部品生産・組立生産の一貫生産拠点）である。大阪府・堺の新たな拠点は大規模なパネル生産拠点であり，海外拠点へのパネル供給拠点（輸出拠点）としての本国・本拠地の役割をさらに強化していくことになる。

図序-3　シャープの液晶テレビ事業拠点

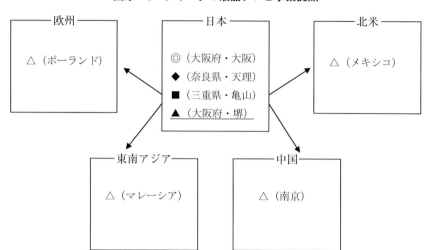

注）◎は本社，◆は研究開発拠点，■は一貫生産拠点，▲はパネル生産拠点，△はテレビ組立生産拠点を示す。また，矢印は海外のテレビ組立生産拠点へのパネルの輸出を示している。
出所）東洋経済新報社編『海外進出企業総覧2009（会社別編）』2009年，シャープのホームページ等を参考にして，筆者作成。

　近年，生産の海外シフトを進めてきた企業が海外生産よりも再び国内生産を重視するようになる「生産の国内回帰」という現象が注目されている。シャープやパナソニックがパネル生産拠点を海外ではなく国内（大阪湾岸）に立地させることは，生産の国内回帰の1つのケースであると考えられる。ただし，テレビ組立生産拠点は依然として海外に立地展開しており，生産の海外シフトの傾向は弱まっていない。企業の立地行動にはグローバル化の側面とローカル化の側面（国内の特定地域への集中立地）の両方の傾向がみられるのである。

　テレビメーカーが生産拠点を海外に立地する理由（立地要因）としては，主要市場に近接立地することで製品輸送費用が削減できることが考えられる。また，アジア（中国や東南アジア等）に立地展開する場合は，労働費用の削減も見込まれる。一方，生産拠点を国内の特定地域（特に本拠地）に立地する理由は，自社や関連企業の事業拠点との近接性が考えられる。こうした近接性により発

生する「集積の利益」が獲得できると期待されるのである（詳しくは第1章で論じる）。

第5節　経済社会の立地環境からみたパネルベイ

　次に，経済社会の立地環境アプローチによりパネルベイを検討してみる。

　地方自治体（地方政府）にとって地域経済の発展をリードする「リーディング産業」の立地促進が政策課題になっており，こうした観点からパネルベイの問題を考えることができる。これまで電機産業(特に家電産業)が大阪のリーディング産業の1つであったが，従来型の電機産業は生産の海外シフトが進み，大阪の経済発展をリードする力は弱まってきた。パネル産業（太陽電池パネルを含む）は新しいタイプの電機産業であり，これからの大阪のリーディング産業になる可能性がある。

　企業の競争優位性は企業自身の経営資源から生み出されるだけではない。立地する地域の立地環境上の優位性によっても企業の競争優位性の大きさが左右される。ポーター（Porter, 1998）が指摘するように，関連企業群（公的機関も含む）の集積状況がその場所に立地する企業の生産性の向上やイノベーションの促進に寄与すると考えられる。そのため，政府の地域政策において，産業集積の形成促進策（クラスター政策）が重視されてきている。大阪府によるパネル工場の誘致も，部品・部材メーカーを巻き込んだパネル産業集積の形成促進に繋がるので，広い意味でのクラスター政策と見なすことができる。

　企業の立地行動がグローバル化するに伴って，各地域の立地環境は世界的なレベルで比較検討されることになる。このことは立地環境上の優位性を競う「グローバルな地域間競争」が強まっていくことを意味する。パネルベイの問題もこうしたグローバルな地域間競争を踏まえて考える必要がある（詳しくは，第3章，第4章で論じる）。

第6節　本書の構成

　本書の目標は，すでに述べたように，伝統的な産業立地論や近年の産業立地
研究の成果を整理・検討しながら，産業立地論の体系化と新たな展開を行うこ
とにある。産業立地論の基本概念である「企業の立地行動」と「経済社会の
立地環境」は相互に関連しているが，本書では，理論的な整理・検討のため，
企業の立地行動アプローチ（第Ⅰ部）と経済社会の立地環境アプローチ（第Ⅱ
部）に分けて論じることにする。図序－4に示されるように，第Ⅰ部は，第1章
（事業拠点の立地選択について）と第2章（産業活動連鎖と企業の立地行動）から構
成され，第Ⅱ部は，第3章（経済社会の立地環境について）と第4章（経済社会の
立地環境と地域政策）から構成される。また，第Ⅲ部（グローバル化の中での産
業集積―大阪の製造業集積を事例として―）については，第5章（グローバル化の
中での大阪の産業集積）と第6章（大阪の産業集積と域内取引）から構成されるが，
企業の立地行動アプローチと経済社会の立地環境アプローチを複合しながら実
態分析を行う。終章では，本書のまとめと今後の課題を論じる[2]。

図序－4　本書の構成

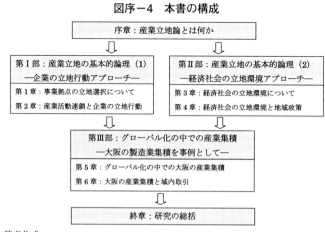

出所：筆者作成

補論　産業立地研究について

　この補論では，これまでの主な産業立地研究の概要を整理するとともに，本書において産業立地研究をどのようなポイントで再検討するのかを論じる。

1. 主な産業立地研究

　表序-1は，伝統的な産業立地論，近年の産業立地研究，その他の関連研究について，主要な論者と研究概要をまとめたものである[3]。

表序-1　主な産業立地研究

	研　究　概　要
伝統的な産業立地論	
チューネン	農業立地の先駆的研究。付け値曲線モデルで、地代と輸送費用との関連を考察。
ウェーバー	工業立地の先駆的研究。生産拠点の立地を決める立地要因などについて考察。
クリスタラー	商業・サービス業立地の先駆的研究。経済中心地の分布状況（都市システム）を考察。
レッシュ	独自の価格モデルを使って、都市システムの編成を理論的に考察。
フーヴァー	ウェーバーの工業立地研究を継承・展開。市場地域モデルによる考察。
ヴァーノン	フーヴァーとともにニューヨーク大都市圏の工業立地を研究。プロダクト・ライフサイクルに伴う立地変動を考察。
グリーンハット	寡占企業の空間的競争の観点から、工業立地研究を展開。
スミス	工業立地研究の考え方を地域開発の問題に応用。
プレッド	企業組織と情報の循環の観点から、都市システムを考察。
アイザード	ウェーバーやクリスタラーらの立地論を幾何学的に接合。地域科学を提唱。
アロンゾ	チューネンの付け値曲線モデルを住宅立地の問題に応用。

近年の産業立地研究	
クルーグマン	独自の産業立地モデルを使って、産業集積を考察。
ポーター	競争戦略論の観点から、企業活動の配置と調整、国や地域の競争優位性について考察。
矢田俊文	経済現象の空間的展開・構造を分析するためのフレームワークとして、地域構造論を提起。産業地帯や経済圏の編成を考察。
ディッケン	企業内および企業間の相互関係ネットワークを「生産連鎖」として考察。
マッシイ	産業立地に関わる諸問題をマクロ的に分析。構造アプローチを提起。
スコット	輸送費用に取引費用を加えた「リンケージ費用」から、産業集積を考察。
マークセン	企業規模や企業間関係を考慮に入れて、産業集積の形態を類型化。
その他の関連研究	
マーシャル	外部経済の観点から、産業集積を先駆的に研究。
ピオリ・セーブル	「柔軟な専門化」の観点から、中小企業を中心とした産業集積の役割を考察。
ハイマー	多国籍企業の立地と世界都市システムについて先駆的に研究。
フリードマン	世界都市論（世界都市仮説）を提起。

注）文献については本文も参照のこと。
出所）各文献を参考にして、筆者作成。

（1）伝統的な産業立地論

　伝統的な産業立地論としては，第1に，農業立地について先駆的に研究したチューネン（Thünen, 1826），工業立地について先駆的に研究したウェーバー（Weber, 1909），商業・サービス業立地について先駆的に研究したクリスタラー（Christaller, 1933）が挙げられる。チューネンは，地代と輸送費用との関係を説明する「付け値曲線モデル」について，ウェーバーは，生産拠点の立地を決める「立地要因」について，クリスタラーは，経済中心地の分布状況である「都

市システム」について，それぞれ論じている。

　第2に，上記の立地論を継承・発展した様々な研究がある。レッシュ（Lösch, 1940）は，ウェーバーの立地論を継承しながらも，都市システムの編成について価格モデルを使って理論的に考察している。フーヴァー（Hoover, 1948）も，ウェーバーの立地論をベースにしながら，市場地域モデルなどの独自の考察を行っている。ヴァーノン（Hoover and Vernon, 1959; Vernon, 1960）は，フーヴァーとともにニューヨーク大都市圏の工業立地を実態分析する中で，プロダクト・ライフサイクルに伴う立地変動について考察している。グリーンハット（Greenhut, 1956）は，寡占企業の空間的競争の観点から，工業立地に関してモデルを使った考察を行っている。スミス（Smith, 1971）は，空間費用曲線や空間収入曲線のモデルを考案するとともに，工業立地研究を地域開発の問題に応用している。プレッド（Pred, 1974）は，企業組織と情報の循環の観点から，都市システムについて考察している。

　本書では取り扱わないが，アイザードやアロンゾの研究もある。アイザード（Isard, 1956）は，価格モデルを使ってウェーバーの立地論を再整理するとともに，ウェーバーやクリスタラーらの立地論をグラフによって幾何学的に接合することを試みている。アロンゾ（Alonso, 1964）は，チューネンの付け値曲線モデルを応用して，都市内部の住宅立地の問題を考察している。

(2) 近年の産業立地研究

　近年の産業立地研究としては，第1に，クルーグマンやポーターに代表されるように，経済学や経営学など他分野の研究者による産業立地研究がある。クルーグマン（Krugman, 1991）は，独自の産業立地モデルを使って，産業集積の形成論理を考察している。ポーター（Porter ed., 1986；Porter, 1990, 1998）は，競争戦略論の観点から，企業活動の配置と調整について考察するとともに，国や地域の競争優位性についても考察している。

　第2に，矢田俊文の地域構造論（矢田, 1982等）やディッケンの生産連鎖の研究（Dicken, 1998）など，産業立地を含んだ様々な経済現象の空間的展開・構

造を分析するためのフレームワークを提起した研究がある。本書では取り扱わないが，マッシイ（Massey, 1984）も，構造アプローチを提起し，産業立地に関わる諸問題をマクロ的に考察している。

第3に，スコットやマークセンなど伝統的な産業立地論を継承・発展した諸研究がある。スコット（Scott, 1988）は，取引費用の考え方を工業立地研究に導入し，輸送費用に取引費用を加えたリンケージ費用の観点から，産業集積の形成論理を考察している。マークセン（Markusen, 1996）は，企業規模や企業間関係を考慮に入れながら，産業集積の形態について考察している。また，この他にも様々な研究が行われている[4]。

(3) その他の関連研究

その他の関連研究としては，近年の産業集積の研究では必ず参照される，マーシャル（Marshall, 1880）による外部経済の観点からの先駆的な産業集積研究がある。また，「柔軟な専門化」の観点から，中小企業を中心とした産業集積の役割を考察したピオリとセーブル（Piore and Sabel, 1984）の研究もある[5]。さらに，世界都市システムに関するハイマー（Hymer, 1972）やフリードマン（Friedmann, 1986）の研究もある。

2. 産業立地研究の再検討のポイント

以上，主な産業立地研究を概観してみた。本書では，産業立地論の体系化と新たな展開のために，企業の立地行動アプローチ（立地主体である企業の立場からの研究アプローチ）と経済社会の立地環境アプローチ（立地場所である経済社会の立場からの研究アプローチ）といった2つの側面から，産業立地研究を再検討する。

企業の立地行動アプローチにおいては，主として，ウェーバーの立地論（特に立地要因の考察）を基本としながら，フーヴァー・ヴァーノンの立地変動の考え方やポーターの企業活動の配置と調整の考え方などを組み入れる。イノベーションの推進や企業間ネットワークの活用などを考慮に入れるため，事業

拠点の立地選択だけでなく広義での企業の立地行動（空間行動）を考察する。その際，企業内および企業間における事業拠点間の結び付きを踏まえながら，ケース・スタディーなどを通じて企業経営的な側面を掘り下げて検討する。

　経済社会の立地環境アプローチにおいては，主として，ポーターの国や地域の競争優位性の研究を基本としながら，矢田の地域構造論における地域概念（産業地帯や経済圏の編成）を組み入れる。特に，立地環境上の優位性としての産業集積について掘り下げて検討する。また，政府の地域政策に関する研究（スミスの工業立地と地域開発の研究など）も，経済社会の立地環境整備の観点から経済社会の立地環境アプローチに含めて検討する。

　本書での産業立地研究の再検討のもう1つのポイントは，産業立地におけるグローバル化の側面（海外生産や海外調達の拡大など）とローカル化の側面（特定地域での産業集積形成など）の両方に着目しながら産業立地の基本的な論理を検討することである。そのため，大阪の製造企業を事例として，グローバル化の中での産業集積についての実態分析も行う。

　注
1)　ウェーバー（Weber, 1909）らの伝統的な産業立地論やクルーグマン（Krugman, 1991），ポーター（Porter ed., 1986；Porter, 1990, 1998）らの近年の産業立地研究については，本章の補論を参照のこと。伝統的な産業立地論を体系的に整理・検討した研究としては，山名（1972），西岡（1976），春日（1981, 1982），富田（1991），柳井（1997）などがある。また，近年の産業立地研究を含めて幅広く整理・検討した研究としては，矢田・松原編（2000），松原編（2002），松原（2006）がある。本書の研究上の特徴としては，以下の2つのポイントで，伝統的な産業立地論と近年の産業立地研究を総合的・体系的に整理・検討していることが挙げられる。第1に，企業の立地行動アプローチと経済社会の立地環境アプローチに分けて整理・検討している。第2に，産業立地におけるグローバル化の側面とローカル化の側面の両方に着目して整理・検討している。
2)　本書の第6章は鈴木（2008）を加筆・修正した。また，第1章の一部は鈴木（1994）第1章および鈴木・桜井・佐藤（2005）第1章・第2章をベースにしている。同様に，第3章の一部は鈴木（1994）第4章・第5章および鈴木（1999）第4章，鈴木（2001a）を，

第4章の一部は鈴木 (2003a) 第8章および鈴木 (2006) を，第5章の一部は鈴木 (2004b) をベースにしている。

3) 産業立地研究のサーベイに関しては，矢田・松原編 (2000)，松原編 (2002) も参考にした。

4) 本書で参考にした主な研究としては，山川 (1986)，松橋・富樫 (1986)，鈴木 (1987, 1994, 1999)，山﨑 (1988, 1992, 1999)，末吉 (1989)，柳井雅人 (1989, 1997)，柳井雅也 (1990, 1998)，松橋 (1990)，松原 (1990, 1991, 1999, 2006)，富田 (1991)，阿部 (1991)，北川 (1992)，加藤 (1994)，須田 (1995)，水野 (1997, 1999)，宮町 (1998)，小田 (1999)，藤川 (1999)，田村 (2000)，川端 (2000, 2008)，外川 (2001)，シュルンツ (2003)，柳井雅人編 (2004)，桜井 (2004)，佐藤 (2005)，山本 (2005)，平 (2005)，立見 (2006) などがある。

5) 関 (1996) や植田 (2004) なども，中小企業論の観点から産業集積の役割について独自の考察をしている。近年，産業集積について，中小企業論や経営組織論など様々な分野の研究者が多数の研究を行っている（詳しくは，第3章，第4章で論じる）。

第Ⅰ部

産業立地の基本的論理(1)
―企業の立地行動アプローチ―

第1章　事業拠点の立地選択について

第1節　はじめに

　第Ⅰ部では，産業立地論の基本概念の1つである企業の立地行動の観点から，産業立地論の体系化と新たな展開を試みる。企業の立地行動アプローチは，立地主体（立地を決める経済主体）である企業の立場からの研究アプローチであり，企業行動の空間的な側面を考察する。

　企業の立地行動は，狭義には，生産拠点など事業拠点をどの場所に立地するのかといった「事業拠点の立地選択」を意味する。事業拠点の立地選択には，新規の事業拠点を設置する場合だけでなく，既存の事業拠点を移転する場合（立地変動）も含まれる。本章では，伝統的な産業立地論や近年の産業立地研究を整理・検討しながら，事業拠点の立地選択の論理について論じる。より広い意味での企業の立地行動については，次章で検討する。

　なお，企業の立地行動についての研究は，もともと国内の諸地域での立地を念頭において行われてきたが，現代においては事業拠点を国内の諸地域だけにとどまらず，海外諸地域にも設置する企業が少なからずみられる。国内諸地域と海外諸地域では立地環境が大幅に異なるため，立地環境に対応した企業の立地行動の特徴は国内レベルと海外レベルでは違ったものになる。[1]　だが，企業の立地行動についての基本的な論理は国内外で同じであり，序章で述べたような，企業の立地行動におけるグローバル化の側面とローカル化の側面を統一的に把握することが重要である。

　以下では，最初に，伝統的な産業立地論として，ウェーバー，フーヴァー，

ヴァーノン，グリーンハット，プレッドの研究を取り上げ，整理・検討して
みる。

第2節　伝統的な産業立地論

1. ウェーバーの立地論

　事業拠点の立地選択の論理を考える上で，生産拠点(工場)の立地を決める「立
地要因」(立地因子) について先駆的な研究を行ったウェーバーの立地論 (Weber,
1909) が参考になる。ウェーバーは，費用の最小化の観点から生産拠点の最適
立地を考察しており，図1−1に示されるように，立地要因として輸送費用要因
と生産費用要因を挙げている[2]。

　立地の輸送費用要因については，「原材料供給地からの原材料の調達に関す
る輸送費用」と「市場（消費地）への製品の出荷に関する輸送費用」をトータ
ルで最小化するように考慮する必要がある。たとえば，原材料の輸送費用が製
品の輸送費用に比べて高ければ，生産拠点は原材料供給地に近接立地すること
が有利となり，逆に，製品の輸送費用が原材料の輸送費用に比べて高ければ，
生産拠点は市場（消費地）に近接立地することが有利となる。

　立地の生産費用要因については，「労働費用」を考慮することが重要である。
低賃金労働力が獲得できる地域（低賃金労働地）に立地すれば，労働費用が節
約できるため，生産費用は小さくなる。低賃金労働地を目指した立地は「労働
指向立地」と呼ばれる。ただし，低賃金労働地が輸送費用などの面で不利な場
所であり，労働費用の節約以上に余分な費用がかかるなら，労働指向立地は行
われない。

　もう1つ重要な立地の生産費用要因として「集積の利益」がある。ウェーバー
によると，集積の利益とは，1カ所で集中して生産規模を拡大すると生産費用
が低減することであるが，生産拠点の規模が拡大する場合と，複数の生産拠点
が集積する場合がある。産業集積地では，交通・通信・電力・水道などのイン

フラストラクチャー（社会的生産基盤）が充実しており，また，関連企業群も集積しており，生産費用の低減に役立つ。ウェーバーは，複数の生産拠点が集積する「社会的集積」を特に重視しているが，複数の生産拠点が輸送費用や労働費用を考慮して偶然的に集積した「偶然集積」と集積の利益を求めて必然的に集積した「純粋集積」に分類している。なお，複数の生産拠点が特定の地域に集積することの利点については，「外部経済」の観点からマーシャル（Marshall, 1880）も論じている。

図1−1　ウェーバーの立地論の考え方

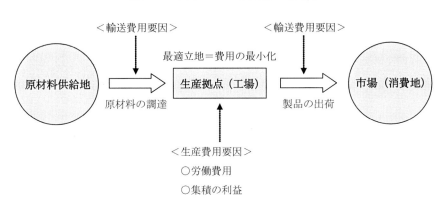

出所）Weber（1909）邦訳書69 ～ 119頁を参考にして筆者作成。

　以上のようなウェーバーの立地論は，物流や産業集積といった重要な問題を視野に入れて生産拠点の立地選択を論じており，現代の企業の立地行動を分析する際にも基本的な理論となる。ただし，ウェーバーの立地論では1つの生産拠点の立地選択を扱っているが，現代の企業（特に大企業）においては複数の生産拠点を持つ場合や，生産拠点とは別に研究開発拠点や販売・マーケティング拠点なども持つ場合が多い。したがって，こうした「複数拠点立地」の観点からウェーバーの立地論を再検討することが，事業拠点の立地選択の論理を明らかにするために必要である。また，現代の企業行動を考える上で，イノベー

ションの推進や企業間ネットワークの活用も不可欠な視点であり，これらの要素も事業拠点の立地選択の論理に組み込む必要がある。

2．フーヴァーの市場地域モデル

　フーヴァー（Hoover, 1948）は，ウェーバーの立地論を継承しながらも，産業立地に関する独自の考察を行っている。その1つが，生産地点の市場地域（販売領域）についての分析である[3]。

　図1-2は，フーヴァーの市場地域モデルを示しているが，図の横軸は距離（地理的な広がり）を，図の縦軸は費用の大きさを表している。X地点に国境があり，A，B，Cの各地点で同じ種類の製品を生産していると仮定する。また，消費者（市場）は横軸の線上に分布していると仮定する。

　なお，図の（1）はA地点とB地点だけを考えた場合，図の（2）は海外のC地点が追加された場合を示している。

図1-2　フーヴァーの市場地域モデル

（1）　A地点とB地点の市場地域

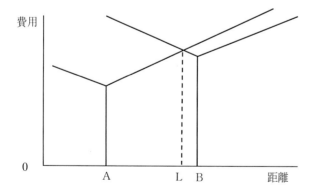

（2）　海外のＣ地点が追加された場合

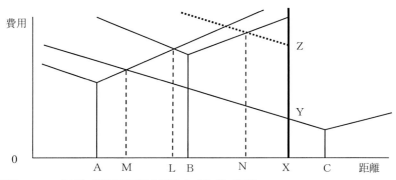

出所）Hoover（1948）邦訳書218頁より引用（一部加筆・修正）。

　各生産地点（Ａ，Ｂ，Ｃ）の生産費用（平均費用）の大きさは，各地点の上に立てた直線の長さで示される。右の国のＣ地点が最も生産費用が低く，左の国のＡ地点が次に，そしてＢ地点が3番目に生産費用が低いことがわかる。各地点の上に立てた直線から斜めに延びる線は，生産費用に製品の輸送費用を加えた総費用の大きさを表しており，これらの総費用線の検討を通じて，各地点の市場地域（販売領域）が明らかになる。

　Ａ地点とＢ地点だけで考えると，Ｌ地点より左側ではＡ地点の方がＢ地点に比べて総費用線が低くなっており，逆に，Ｌ地点より右側ではＢ地点の方がＡ地点に比べて総費用線が低くなっている。つまりＬ地点がＡ地点とＢ地点の市場地域の境界になっている。

　次に，海外のＣ地点が追加された場合を考えてみる。もしも関税などの保護貿易措置がなければ，Ｃ地点が左の国のＭ地点まで製品を供給するため，Ｂ地点の生産は不可能になり，Ａ地点の市場地域も縮小する。なぜなら，Ｃ地点の総費用線は，Ｂ地点の総費用線よりも低く設定されているからである。ただし，関税などの保護貿易措置があれば，Ｂ地点での生産が可能になったり，Ａ地点の市場地域の縮小が回避できる場合も考えられる。たとえば，ＺＹの大きさの関税が付加されれば，国境のところでＣ地点の総費用線が上方にシフトし，Ｎ

地点までしか製品を供給できなくなる。

　以上の市場地域モデルから，生産費用の面で不利な生産地点でも製品の輸送上の利点によって独自の市場地域を確保できる場合があること，各国間での保護貿易措置の存在は生産地点を分散させる効果を持っていることがわかる。ただし，市場地域モデルは，製品の輸送費用の役割といった産業立地のある一面を考察するためには有用であるが，過度に抽象化されているため，企業の立地行動を検討するためのフレームワークとしては限界があると考えられる。

3. フーヴァーとヴァーノンの立地変動の研究

　事業拠点の立地選択には，新規の事業拠点の設置の場合だけでなく，既存の事業拠点の立地場所の移転（立地変動）の場合も含まれるが，立地変動については，フーヴァーが次のように論じている。

　「専門化し高度に訓練された労働を必要とする工業は，一般的にこのような労働供給が漸次発展してきた諸地点に群集し，集中的な，どちらかと言えば固定的なパターンを示す。しかし結局はほとんどすべての産業の工程が，技術上および経営上の改善によって定型化されるので，特別の訓練のない普通労働が使用される。通常の結果はその産業が他の地域へひろがったり移動したりすることになる」（Hoover, 1948, 邦訳書171～173頁）。

　以上のフーヴァーの論述は，製品（ないしは産業）のライフサイクルに伴って，事業拠点の立地選択が変化していくことを意味するが，こうした考え方は，ヴァーノンのニューヨーク大都市圏の工業立地研究（Hoover and Vernon, 1959; Vernon, 1960）に引き継がれている[4]。

　ヴァーノンは，ニューヨーク大都市圏を核心部，内環部，外環部の3つの地帯に分けるとともに，どのような立地要因が特に重要であるかによって，生産活動を労働指向型，輸送指向型，外部経済型などに分類しながら検討を行っている。ヴァーノンによれば，ニューヨーク大都市圏では，外部経済型の生産活動，特に関連する企業群との対面接触が不可欠な「コミュニケーション指向型」の生産活動が産業集積の進んだ核心部に立地し続けるが，労働指向型などの生

産活動は周辺地域（内環部や外環部）へと移っていく。また，コミュニケーション指向型の生産活動においても，労働指向的な部分はしだいに周辺地域へと移転していくことになる（図1－3を参照）。

図1－3　生産活動の立地変動

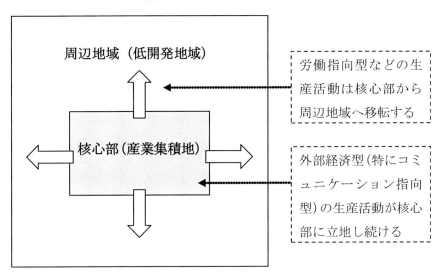

注）矢印は生産活動の立地変動のパターンを示している。
出所）Hoover and Vernon（1959）pp3-21および Vernon（1960）pp.6-68を参考にして筆者作成。

　製品のライフサイクル（プロダクト・ライフサイクル）における新製品段階では，製品が規格化（定型化）されていないため，生産活動が外部経済型（特にコミュニケーション指向型）であることが多い。したがって，外部経済の面で有利な産業集積地に立地すると考えられる。一方，製品のライフサイクルの後の段階になると，製品が規格化され，外部経済の重要性が低下し，低賃金の周辺地域（低開発地域）に立地することになる。

　なお，ヴァーノンは，以上の考え方をアメリカ多国籍企業の立地行動の考察にも応用している（Vernon, 1966, 1971）。

24

フーヴァーやヴァーノンの研究でも，複数拠点立地の観点からの検討が不足しているが，立地変動の視点は現代の企業の立地行動を分析する上でも欠かせない。また，ヴァーノンによる新製品段階における関連企業群との対面接触の議論は，イノベーションの推進や企業間ネットワークの視点が不十分ながらも組み込まれている。

4. グリーンハットの寡占企業の立地行動モデル

グリーンハット（Greenhut, 1956）は，寡占企業の空間的競争に着目し，様々なモデルを使って「空間的競争者の価格と，企業はその競争相手に接近して立地するか離れて立地するかの問題」について考察している。ここでは，「買い手が散在しているときは，売り手は需要の一部分を独占しようとして分散する傾向がある」ことを示すモデルについてみてみる[5]。

図1－4　寡占企業の立地行動モデル

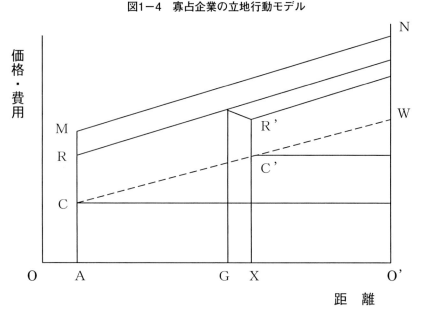

出所）Greenhut（1956）邦訳書（上）71頁より引用（一部修正）。

　図1-4は，横軸が距離（地域的な広がり）を，縦軸が価格や費用の大きさを表している。フーヴァーの市場地域モデル（図1-2）と基本的には同じ形態のモデルである。買い手が存在する市場地域がAからO'へと線上に広がっており，生産中心地がAにある。生産中心地Aには4つの企業（売り手）a，b，c，dが立地しており，生産費用はCで，Mの高さの価格を設定しているものとする。MNなどの傾斜線は，製品の輸送費用の勾配線を示している。

　ここで，ある別の企業eが市場への参入を企て，Xで立地すると仮定する。新規企業eのXでの生産費用C'は生産中心地Aでの生産費用Cよりも高いけれども，製品の輸送上の利点から市場地域の右側一帯を独占的に獲得することができる。生産中心地Aでの価格が，企業eの参入の影響によって，Rに設定されるとともに，企業eのXでの価格がR'の高さに設定されるならば，企業eは市場地域のGからO'までを占有することになる。

　ところで，生産中心地Aにおける企業a，b，c，dは，企業eを市場から駆逐するために共謀して価格競争を行うことが可能である。生産中心地Aでの価格は，短期的にはCまで引き下げることができ，この場合，製品輸送費用の勾配線がCWまで下にシフトすることになる。もしも企業eのXでの生産費用C'が，この点線よりも上にあるならば，企業eは生産が成り立たず市場から退出しなければならなくなる。反対に，C'が点線よりも下にあるならば，企業eは競争に生き残るであろう。

　この寡占企業の立地行動モデルから導かれる結論は，既存中心地以外の地点での生産費用上の不利が既存中心地からの製品輸送費用の増加分よりも小さい限りにおいて，こうした市場地域の占有を求めた分散的立地がなされる傾向があるというものである。

　また，グリーンハットは，買い手との密接な接触が製品の需要を増加させる影響に注目し，買い手の気まぐれや迅速な配送の必要性などを原因とした，立地の収入増大要因についても論じている。こうした「市場への接触の利益」が大きい場合には，市場に近接した立地が有利であるといえる。

　グリーンハットの立地行動モデルは，寡占企業の空間的競争の一面を明らか

にする上で有用であるものの，フーヴァーの市場地域モデルと同様に過度に抽象化されているため，複数拠点立地やイノベーションの推進など現代の企業の立地行動を分析するには限界があると考えられる。

5. プレッドの都市システム研究

　伝統的な産業立地論における1つの研究領域として，経済中心地の分布状況（都市システム）についての研究がある。商業・サービス業立地を研究したクリスタラー（Christaller, 1933）や空間を契機とした独占的競争を価格モデルにより考察したレッシュ（Lösch, 1940）が，都市システムを先駆的に研究しているが，両者は経済中心地の販売圏の側面から都市システムの問題を検討している[6]。一方，プレッド（Pred, 1974）は，企業組織と情報の循環の側面から都市システムを研究している[7]。

　図1-5は，プレッドの都市システムについてのモデルであるが，2つの企業組織と都市システムが描かれている。ここでは，企業組織の単位は，国家的単位，地域的単位，局地的単位に分けられている。これら企業組織の諸単位の立地と独立したサービス単位の立地の結果として，都市の規模と配置が規定されている。

　企業組織の国家的単位が立地するU1とU2は都市システムにおける最大ランクの都市であり，次いでU3，U4が上位のランクの都市である。こうした大都市の周辺に，L1からL12までの中小都市が配置されている。

　企業組織の諸単位間においては，モノの流れとともに，イノベーションや意思決定などに関連する情報の循環がなされる。企業組織における国家的単位は，主に，都市システムの頂点に据えられるが，この結果，特別な情報はランクの高い都市から低い都市へと流れていくことになる。

　プレッドは，「輸送の立地上の役割が低下し，情報がますます重要になってきている」（Pred, 1974, p.105.）と述べ，立地要因としての情報コストの重要性を強調している。プレッドの都市システムの研究によれば，企業組織の立地パターンと都市間の情報の循環が相互に作用し合いながら，産業発展と都市シス

テムの発展を規定するのである。また，企業組織の諸単位の立地は，情報の入手可能性の空間的差異を生み出すとともに，こうした差異により企業の立地選択が左右されるのである。

図1-5 企業組織と都市システム

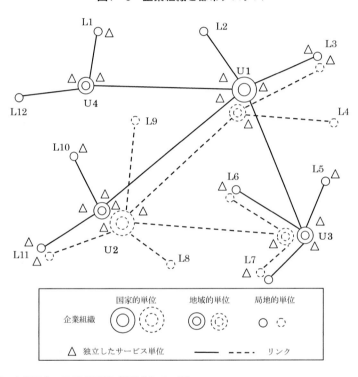

出所）Pred（1974）p.112より引用（簡略化している）。

　プレッドの都市システムの研究は，複数拠点立地の観点を取り入れており，現代の企業の立地行動を考える上でも非常に参考になる。ただし，国家的単位・地域的単位・局地的単位といった単純な階層的組織を仮定して論じており，また企業間ネットワークの活用については必ずしも視野に入っていない。イノベーションなどに関わる情報の循環を明らかにするためには，本書の第2章で

論じるように，企業内および企業間における事業拠点間の結び付きをより具体的に検討する必要がある。なお，都市システムの研究は，企業の立地行動アプローチだけでなく，経済社会の立地環境アプローチ（本書の第Ⅱ部）にも関連している。

第3節　近年の産業立地研究

以下では，近年の産業立地研究として，クルーグマンとポーターの研究を取り上げ，整理・検討してみる。その他の近年の産業立地研究（および関連研究）については，本書の後の章で取り扱う。

1. クルーグマンの産業立地モデル

クルーグマン（Krugman, 1991）は，産業集積（製造業集積）が形成される論理について，収穫逓増（規模の経済性）と不完全競争を考慮に入れた産業立地モデルによって説明している[8]。

クルーグマンの産業立地モデルにおいては，単純化のため，全国が2つの地域（東部，西部）から成り立っており，産業は2つの部門（農業，製造業）のみであるとする。農業は，両地域に均等に分布しており，移動できないと仮定する。モデル上の問題は，製造業が東部と西部のそれぞれに分布するような分散的な地理的配置となるか，東部あるいは西部に偏って分布するような集中的な地理的配置となるかである。

製造業の地理的配置は，費用の最小化を追求する企業（製造企業）の立地行動によって決まってくる。企業は1つの生産拠点を東部あるいは西部に立地させるか，2つの生産拠点を持ち，両地域ともに立地させるかを選択する。こうした個々の企業の生産拠点配置の合計が，製造業全体の地理的配置となる。

東部または西部の一方に生産拠点を設けると，製品を東部から西部へ，あるいは西部から東部へ輸送する費用がかかる。輸送費用を小さくするためには，

製品需要(市場)の大きな地域に生産拠点を立地させる方が望ましい。もちろん，東部と西部の両方ともに生産拠点を立地させれば，製品の輸送費用は節約できる。だが，この場合は，2つの生産拠点を設立することになるので，生産拠点の建設費が追加的にかかることになる（図1−6を参照）。

　東部と西部それぞれの地域における個々の企業の製品に対する需要は，その地域の労働人口（農民と製造業労働者の合計）に正比例しているとする。農業は地理的に均等に配置されており，農民が製品を需要する分は東部と西部で等しいが，一方，製造業労働者による製品需要の東部と西部の割合は，製造業の地理的配置そのものによって異なってくる。

図1−6　クルーグマンの産業立地モデル

（1）　生産拠点を西部に立地する場合

（2）　生産拠点を東部に立地する場合

（3）　生産拠点を両地域に立地する場合

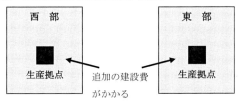

出所）Krugman（1991）邦訳書16 〜 18頁を参考にして筆者作成。

　以上のことから，企業はその製品の需要の地理的な割合を考慮に入れながら，費用が最小になるように生産拠点の立地を決定するが，製品需要の地理的な割合は他の企業の立地により変化する。そのため，企業はその立地行動において互いに影響し合うことになる。

　クルーグマンの産業立地モデルが導く結論としては，企業の立地行動は，他の企業が東部に偏って配置していると東部に生産拠点を立地することになり，逆に西部に偏って配置していると西部に生産拠点を立地することになる。また，他の企業が東部と西部に均等に配置していると，両地域ともに生産拠点を立地することになる。つまり，企業の立地行動を通じた製造業の地理的配置は，東部への完全な集中，西部への完全な集中，両地域への均等的な分散といった3つの均衡があり得る。

　製造業が集中的に配置する地域は製造業労働者による製品需要が増大し，製品需要が大きな地域には製造業がさらに集中する。このような場合，製造業がどの地域に集中するかは，初期の地理的配置（初期条件）に依存する。また，製造業の集中的な地理的配置は長期において持続する。ただし，状況が変われば製造業の地理的配置も変化することがあり，その変化は徐々にではなく急激に現れるのである。

　以上のクルーグマンの産業立地モデルは，企業の立地行動の累積により産業活動の地理的配置がどのような均衡状況になるのかを考察しており，収穫逓増（規模の経済性）の問題を生産拠点の追加的建設費として論じるとともに，製造業労働者の移動を通じて製品需要の地理的割合が変化することを論じるなど，ウェーバーらの伝統的な産業立地論とは異なった論点を提示している。ただし，厳密な経済モデルの構築に主眼があるため，イノベーションの推進や企業間ネットワークといった産業集積を論じる上で重要な視点が弱いと考えられる[9]。

2. ポーターの企業活動の配置・調整の研究

　ポーターは，企業の競争戦略の観点から産業立地に関して2つの種類の研究を行っている。1つは，企業の国際戦略に関連した「企業活動の配置と調整」

についての研究（Porter ed., 1986）であり，もう1つは，クラスター（産業集積）の考察を含む「国や地域の競争優位性」についての研究（Porter, 1990, 1998）である。後者の研究は，国際競争力のある産業活動が発展するための国のビジネス環境上の要因などを論じたものであり，経済社会の立地環境アプローチ（本書の第3章）で取り上げる。ここでは，前者の研究について整理・検討する。[10]

図1-7　バリュー・チェーン

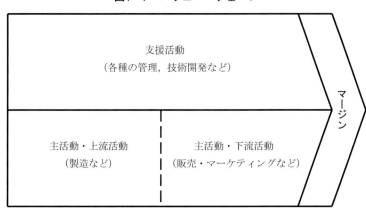

出所）Porter ed.（1986）邦訳書29頁より引用（一部修正）。

　ポーターは，企業活動は製造や販売・マーケティングなどの主活動（主活動はさらに上流活動と下流活動に区分される）および支援活動（各種の管理や技術開発など）から成り立っていると論じ，こうした企業内における活動間の結び付きを「バリュー・チェーン（価値連鎖）」と呼んでいる（図1-7を参照）。企業がグローバルな競争優位を獲得・保持するためには，バリュー・チェーンを踏まえながら，企業活動を世界的にどのように配置し，企業活動間をどのように調整するかを戦略的に決定しなければならない。

　企業活動を一カ所または数カ所に集中することによって規模または習熟の経済性を得るが，一方，企業活動を分散することによって市場に密着し活動のノウハウの把握が容易になるとともに輸送・通信・倉庫のコストを節約できる。

企業の国際戦略においては，企業活動を集中する利点と分散する利点のバランスを取ることが重要である。大まかには，下流活動は分散的な配置，上流活動や支援活動は集中的な配置がなされる傾向がある。

　ポーターは，企業の国際戦略のタイプを検討するために，図1-8のような説明図を提示している。図の横軸は企業活動の配置（集中から分散まで）を表し，図の縦軸は企業活動間の調整（低レベルから高レベルまで）を表している。採用される国際戦略のタイプは業種によっても異なるが，大まかにいえば，1960年代，70年代における日本企業は図の右上の「単純なグローバル戦略」，欧米企業は図の左下の「マルチ・ドメスティック戦略」を採用するケースが多かったとポーターは述べている。また，今後の傾向として，企業活動のグローバルな分散が進み，企業活動間の調整も増大していくと論じている。つまり，図の左上の「真のグローバル戦略」に向かうことになる。

図1-8　企業の国際戦略のタイプ

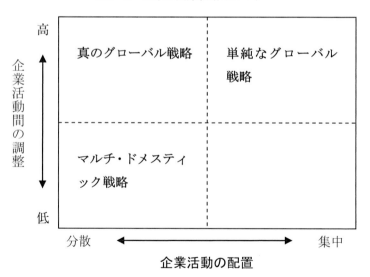

出所）Porter ed（1986）邦訳書34頁より引用（一部加筆修正）。

　ポーターの企業活動の配置・調整の研究は，企業の国際的な戦略のタイプを明らかにするためのものであり，事業拠点の立地選択の論理については部分的にしか論じられていない。だが，ポーターの研究は示唆に富んでおり，事業拠点の立地選択の論理を考える上で，バリュー・チェーンを踏まえながら，どのような企業活動をどのような場所に配置し，企業活動間の役割分担をどのように行うのかが重要であると考えられる。

第4節　事業拠点の立地選択の論理

　以上の伝統的な産業立地論や近年の産業立地研究を踏まえながら，事業拠点の立地選択の論理をまとめてみる。序章で取り上げたシャープの液晶テレビ事業拠点を例にしながら，複数拠点立地，物流の側面，産業集積の側面，低賃金労働力の側面，市場開拓の側面という5つの点を論じる。

1.　複数拠点立地

　序章で述べたように，シャープの液晶テレビ事業拠点は，国内の生産拠点が2つ（堺の新工場を含む），国内の研究開発拠点が1つ，海外の生産拠点が4つあり，複数拠点立地となっている。複数拠点立地の場合，何らかの形での事業拠点間の役割分担が行われるが，シャープの事業拠点の場合は次のような2種類の役割分担が考えられる。①　日本の拠点が研究開発およびパネル生産を担当し，海外の拠点がテレビ組立生産を担当している。②　主要市場ごとに配置されたテレビ組立生産拠点（日本市場は一貫生産拠点）が各市場への製品供給を行っている。①は「企業内空間分業型」（「工程間分業型」）の複数拠点立地，②は「市場圏分割型」の複数拠点立地と呼ぶことができるが[11]，シャープの液晶テレビ事業拠点の地理的配置は①と②が複合しているといえる（図1-9を参照）。

図1-9　事業拠点間の役割分担のタイプ

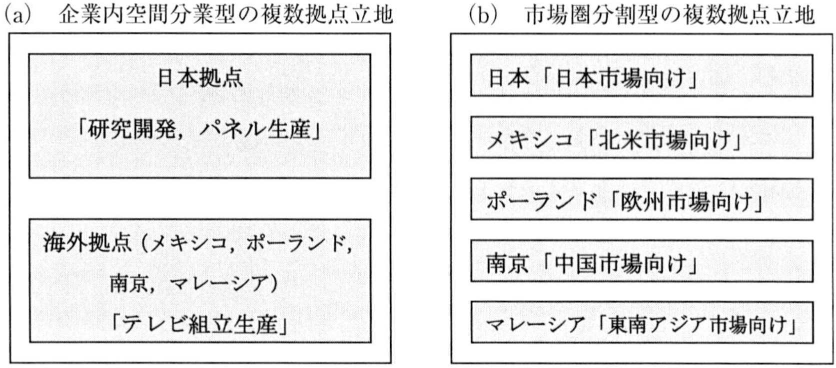

(a)　企業内空間分業型の複数拠点立地　　　(b)　市場圏分割型の複数拠点立地

日本拠点
「研究開発，パネル生産」

海外拠点（メキシコ，ポーランド，南京，マレーシア）「テレビ組立生産」

日本「日本市場向け」
メキシコ「北米市場向け」
ポーランド「欧州市場向け」
南京「中国市場向け」
マレーシア「東南アジア市場向け」

出所）筆者作成。

　複数拠点立地の場合，個々の事業拠点（テレビ組立生産拠点やパネル生産拠点など）の立地選択を別々に考えるよりも，事業拠点全体の立地選択を考える方が，企業の経営戦略上，望ましい。これは，ポーターが論じるバリュー・チェーンの配置と調整の問題である。つまり，事業拠点全体の立地選択とは，企業が一連の企業活動を各事業拠点にどのように割り当て，それらの事業拠点をどのように地理的に配置するのかを決定することであると考えられる[12]。

　事業拠点全体の立地選択の論理を明らかにするためには，工程間分業や市場圏分割など事業拠点間の役割分担がどのように行われているかを把握する必要がある。もちろん，複数拠点立地には，プレッドの指摘するような階層的な組織単位（たとえば，販売・マーケティング拠点としての本社・営業本部，支社・支店，営業所など）の立地もある。

2.　物流の側面

　ウェーバーの立地論が論じる物流（調達や出荷）の側面から，シャープの液晶テレビ事業拠点の立地をとらえ直してみると，図1-10のようになる。テレビ組立生産拠点は，パネルなどの部品を調達するとともに，市場へ製品（テレビ）

を出荷する。パネル生産拠点は，原材料（主としてパネル用の部品・部材）を調達するとともに，製品（パネル）をテレビ組立生産拠点へ出荷する。パネル生産拠点にとって，「市場」はテレビ組立生産拠点の立地場所であり，「原材料供給地」は部品・部材生産拠点の立地場所であるといえる。

図1-10　　液晶テレビ事業拠点の立地

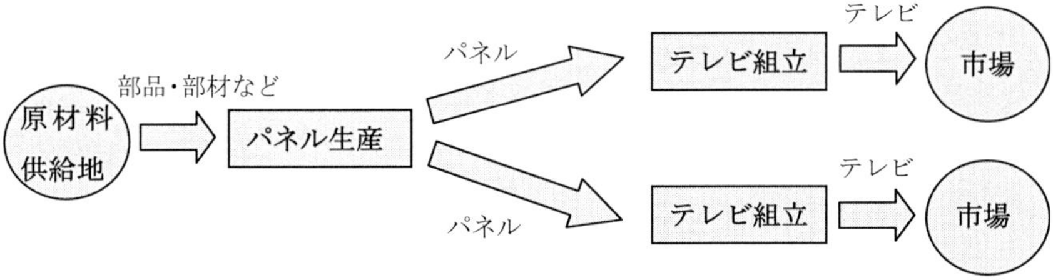

出所）筆者作成。

　テレビ組立生産拠点が世界の主要市場ごとに配置される理由としては，製品（テレビ）の出荷に関する輸送費用を削減できることが考えられる。だが，こうした配置では，国内のパネル生産拠点から海外のテレビ組立生産拠点へのパネルの輸送費用がかかってしまう。ウェーバーの立地論を参考にすれば，テレビ組立生産拠点の立地選択は，テレビの輸送費用とパネルの輸送費用を比較考慮して，前者を削減した方が特に有利ならば市場への近接立地を選択し，後者を削減した方が特に有利ならばパネル生産拠点との近接立地を選択することになる。

　同様の視点からパネル生産拠点の立地選択を考えると，パネルの出荷に関する輸送費用と部品・部材の調達に関する輸送費用を比べて，前者を削減した方が特に有利ならばテレビ組立生産拠点への近接立地を選択し，後者を削減した方が特に有利ならば部品・部材生産拠点との近接立地を選択することになる。

　なお，国境を越える完成品の輸送については，フーヴァーの市場地域モデルが指摘するように，保護貿易措置といった「人為的（政策的）な輸送費用」が追加的にかかることもある。一方，国境を越える原材料の輸送に対しては保護貿易措置が取られることはほとんどない。そのため，完成品の組立生産拠点に

ついては，相手国政府の保護貿易措置に対応して，現地市場に近接立地する場合も考えられる。

　以上のように，テレビ組立生産拠点やパネル生産拠点など事業拠点の物流に関わるコスト（広い意味での輸送費用）は，事業拠点の立地選択を考える上で重要な要因の1つであるといえる。また，事業拠点間の役割分担を掘り下げて把握する上でも，物流（調達や出荷）の視点は非常に重要である。なお，現代の企業経営においても，戦略的な物流管理であるロジスティクスあるいはＳＣＭ（サプライ・チェーン・マネジメント）が重視されている。

3. 産業集積の側面

　集積の利益（産業集積による生産費用の低減など）も，事業拠点の立地選択を考える上で重要な要因である。産業集積には，ウェーバーの指摘するように，生産拠点の規模が拡大する場合と，複数の生産拠点が集積する場合がある。また，研究開発拠点や販売・マーケティング拠点など生産拠点以外の事業拠点を含めて産業集積を考えることもできる。

　通常，産業集積として注目されるのは，生産拠点の規模の拡大よりも複数の生産拠点の集積の方であるが，生産拠点の規模の拡大（規模の経済性）は事業拠点の立地選択において少なからず意味を持つ。シャープの液晶テレビ事業拠点のケースで考えてみると，パネル生産拠点における規模の経済性が重要であるならば，生産費用上の問題（クルーグマンのモデルでの追加的建設費の問題）でパネル生産拠点をテレビ組立生産拠点に合わせて分散的に配置することは抑制される。また，テレビ組立生産拠点においても規模の経済性が重要である限り，主要市場ごとに分散的に配置するのではなく，国内に集中的に配置することになる。

　もちろん，複数の生産拠点（事業拠点）の集積についても，事業拠点の立地選択に大きく関係している。ヴァーノンが述べているように，製品のライフサイクルにおける新製品段階では，関連企業群との対面接触を求めて，低開発地域よりも産業集積地を選択する傾向がある。このことは，関連企業群との近接

性を活用してイノベーションを推進することを示唆している。なお，イノベーションの推進には，関連企業群との近接性だけでなく，自社の関連事業拠点との近接性も重要であると考えられる。

　以上のことから，シャープのパネル生産拠点が海外に展開せずに国内本拠地に立地し続ける理由としては，本拠地周辺に立地する関連事業拠点（自社の研究開発拠点や部品・部材メーカーの事業拠点など）との密接なコミュニケーションを通じた，パネルの技術改善が考えられる。ただし，ヴァーノンの立地変動の観点からいえば，製品のライフサイクルに伴ってパネル生産が規格化（定型化）していくと，パネル生産拠点が国内本拠地に留まる必要性は小さくなっていくと予想される。

4.　低賃金労働力の側面

　事業拠点の立地選択を考える上で重要な要因としては，労働費用の削減も挙げられる。企業が本拠地から周辺地域（低開発地域）へと事業拠点を移転する主な理由は，低開発地域の低賃金労働力を利用するためである。

　シャープのテレビ組立生産拠点が，中国（南京）やマレーシアに配置されているのは，中国市場や東南アジア市場に近接立地することで製品の輸送費用を削減できるだけでなく，中国やマレーシアの低賃金労働力を利用するためである。また，テレビ組立生産拠点が北米市場向けにメキシコ，欧州市場向けにポーランドといった各市場圏の低開発地域に配置されているのも，主要市場への近接とともに低賃金労働力の利用を目的としていると考えられる。

　低開発地域は，企業の本拠地に比べると，労働費用（および土地費用）が安い。一方，企業の本拠地は，産業集積が進んでおり，集積の利益が獲得しやすい。工程間分業型の複数拠点立地（たとえば，日本の拠点が研究開発およびパネル生産を担当し，海外の拠点がテレビ組立生産を担当）は，企業の本拠地と低開発地域の立地環境上の相違を反映しているのである。いいかえれば，工程間分業型の複数拠点立地を通じて，低開発地域の低賃金労働力と産業集積地の集積の利益を両方ともに獲得することが可能になるといえる。

　なお，企業の本拠地（産業集積地）で新製品を生産し，低開発地域で旧式の製品を生産するといったタイプの企業内空間分業型（「製品間分業型」）の複数拠点立地が行われる場合も考えられる。

5. 市場開拓の側面

　最後に，市場圏分割型の複数拠点立地に関連して，市場開拓の側面について指摘しておきたい。事業拠点が市場に近接立地することにより，製品の輸送費用が削減できるだけでなく，市場開拓が容易になる。これは，グリーンハットの指摘する「市場への接触の利益」に相当する。つまり，買い手の気まぐれや迅速な配送の必要性などのために，買い手との密接な接触が製品の需要を増加させると考えられるのである。

　シャープがテレビ組立生産拠点を北米市場向けにメキシコに，欧州市場向けにポーランドに配置した理由の1つは，北米や欧州では日本に比べるとシャープの液晶テレビの市場シェアが極端に低く，北米市場・欧州市場の開拓が重要な経営課題であるためである。また，シャープは市場開拓のため，販売・マーケティング拠点も北米や欧州に配置している。

　ただし，生産拠点や販売・マーケティング拠点を市場に近接して立地するだけでは，市場開拓は十分に行えない場合もある。なぜならば，市場（買い手）のニーズに合った製品を供給するためには，研究開発（特に製品開発）拠点も市場に近接立地する必要があるからである。

　たとえば，日本の自動車メーカー（トヨタ）の場合，アメリカでの市場開拓のため，生産拠点とともに研究開発拠点をアメリカに配置し，現地の市場ニーズに合った製品（自動車）を供給するため，自動車のプラットフォーム（エンジンやトランスミッションなどの機械部分）は日本国内で開発しているものの，消費者の好みが強く反映されるアッパー・ボディについては現地開発を進めている。アメリカ市場向けに開発したトヨタ・カムリは，日本市場向けに比べると内装・装備はシンプルだが居住空間を広くしている（トヨタ本社でのヒアリングによる）。

だが，研究開発拠点においても規模の経済性は重要であり，また関連事業拠点との密接なコミュニケーション（集積の利益）の必要性から，研究開発拠点は本拠地に集中的に配置される傾向がある。さらには，重要な技術が漏洩しないように研究開発拠点を他地域(特に海外諸地域)へと展開するのを経営戦略上，抑制する場合もある。

第5節　小括

本章では，伝統的な産業立地論や近年の産業立地研究を整理・検討しながら，事業拠点の立地選択の論理について論じた。事業拠点の立地選択の論理を明らかにする上で，ウェーバーの立地論の考え方（立地要因としての輸送費用や労働費用，集積の利益）について，複数拠点立地を視野に入れながら発展させることが重要である。また，他の立地論研究者の考え方（特に，フーヴァー・ヴァーノンの立地変動とポーターの企業活動の配置・調整）をウェーバー的な論理に組み込むことが重要である。

企業行動の基本的な特徴として，低コスト化を通じた価格競争や差別化を通じた非価格競争が挙げられる。本章で論じた立地要因（事業拠点の立地選択の要因）について，価格競争（低コスト化）と非価格競争（差別化）の観点から整理してみると，表1-1のようになる。

低コスト化のための立地選択としては,生産拠点を低開発地域(低賃金労働地)に立地し，労働費用を削減することや，市場に近接立地し，製品の輸送費用を削減することが挙げられる。また，生産拠点や研究開発拠点を産業集積地に立地し，集積の利益を獲得することも挙げられる。この場合の集積の利益は，プロセス・イノベーション（生産技術改善）の推進を通じた生産費用の削減を意味する。

一方，差別化のための立地選択としては，生産拠点や販売・マーケティング拠点などを市場に近接立地し，製品需要を拡大（市場開拓）することが挙げら

れる。また，生産拠点や研究開発拠点を産業集積地に立地し，集積の利益を活用した新製品開発を行う（プロダクト・イノベーションを推進）ことも挙げられる。研究開発拠点などを市場に近接立地し，市場ニーズに合った製品を開発する場合は，「市場対応型のプロダクト・イノベーション」ということができるだろう。

表1−1　企業行動と立地要因

	企業内空間分業型の複数拠点立地	市場圏分割型の複数拠点立地
価格競争 （低コスト化）	・生産拠点を低開発地域（低賃金労働地）に立地し，労働費用を削減 ・生産拠点や研究開発拠点を産業集積地に立地し，集積の利益を獲得（プロセス・イノベーションを推進）	・生産拠点を市場に近接立地し，製品の輸送費用を削減
非価格競争 （差別化）	・生産拠点や研究開発拠点などを産業集積地に立地し，集積の利益を獲得（プロダクト・イノベーションを推進）	・生産拠点や販売・マーケティング拠点などを市場に近接立地し，製品需要を拡大（市場開拓，市場対応型のプロダクト・イノベーション）

出所）筆者作成。

　以上，事業拠点の立地選択の論理について整理・検討してきたが，広い意味での企業の立地行動には，事業拠点の立地選択以外の問題も含まれる。次章では，こうした広義での立地行動について検討してみる。また，イノベーションの推進や企業間ネットワークの活用は現代における企業の立地行動を考える上で重要な側面であるが，本章では必ずしも十分な考察ができなかった。次章では，この点についても，さらに掘り下げた検討を試みる。

補論　グローバルな立地環境の下での多国籍企業の立地選択

　この補論では，グローバルな立地環境の下での多国籍企業の立地選択について整理・検討してみる。

1. 多国籍企業の立地選択についての研究

　多国籍企業についての理論的な研究としては，ハイマー（Hymer, 1960）とヴァーノン（Vernon, 1966）が先駆的な研究を行っている。ヴァーノンの研究は，産業立地論の立場から多国籍企業について考察した点でも先駆的である。ヴァーノンは，ニューヨーク大都市圏の工業立地研究（Hoover and Vernon, 1959; Vernon, 1960）を踏まえながら，製品のライフサイクルに伴ってアメリカ多国籍企業がその生産拠点をアメリカ本国から他の先進国へ，さらには発展途上国へと立地展開していく「立地変動」について考察した。一方で，ハイマーは，寡占企業の市場シェア獲得競争の観点から，アメリカ多国籍企業のヨーロッパ市場への事業展開とそれに対抗したヨーロッパ多国籍企業のアメリカ市場への事業展開を考察した。

　多国籍企業論を「ＯＬＩアプローチ」として体系的に整理したダニング（Dunning,1979, 1988）は，ハイマーの研究は企業（所有）優位性の視点を，ヴァーノンの研究は立地の視点を論じていると分類している。筆者自身（鈴木，1987, 1994）は産業立地論の観点から，ハイマーの研究は市場圏分割型の立地展開を，ヴァーノンの研究は企業内空間分業型の立地展開を論じていると再整理し，両者の接合を図っている（図1-11を参照）。

図1-11　多国籍企業の立地展開パターン

（a）ハイマー：市場圏分割型の立地展開　　　　（b）ヴァーノン：企業内空間分業型の立地展開

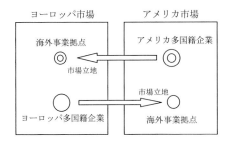
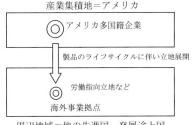

出所）Hymer（1960）邦訳書およびVernon（1966）を参考にして筆者作成。

2. クローバルな立地環境上の特徴

多国籍企業の立地選択の論理は，基本的に，国内レベルでの企業の立地選択の論理と同じであるが，国内レベルとは異なったグローバルな立地環境への対応という点で，多国籍企業特有のパターンが生じると考えられる。

グローバルなレベルでの立地環境上の特徴としては，第1に，開発地域と低開発地域といった開発状況の違いが国内レベルよりも顕著に存在することである。そのため，労働費用や集積の利益については国際的な相違が大きい。第2に，各国間では，経済状況だけでなく文化や生活様式などが違うため，消費者ニーズが大幅に異なることである。こうした状況では，市場への接触の利益が重要視される。第3に，保護貿易措置のような各国政府の政策対応が立地環境に多大な影響を与えることである。保護貿易措置は，人為的（政策的）な輸送費用として認識できる（鈴木，1994；鈴木・桜井・佐藤，2005）。

ポーター(Porter ed., 1986)が論じるように，多国籍企業にとって，そのバリュー・チェーンを踏まえながら，どのような企業活動をどのような場所に配置し，企業活動間の役割分担をどのように行うのかが重要である。ただし，ポーターの研究は企業の立地選択の論理については十分には検討しておらず，産業立地論の観点から多国籍企業研究を発展させる余地は少なからずあると考えられる。

3. 日系多国籍企業の立地選択の事例―輸入代替型工業化政策への対応―

最後に，グローバルな立地環境の下での多国籍企業の立地選択の問題を具体的に検討するために，輸入代替型工業化政策へ対応した日系多国籍企業の立地選択をみてみる。

大手の電機メーカーや自動車メーカーなど日系多国籍企業のアジア諸国への生産拠点の設置は早くも1960年代には開始されたが，主として，アジア諸国政府の輸入代替型工業化政策に対応したものであった。輸入代替型工業化政策は，外国からの輸入を国内生産に代替することにより自国の工業化を進める政策であるが，関税などの保護貿易措置と法人税の免除などの外資優遇措置によって，現地販売を目的とした多国籍企業の現地生産拠点を誘致する。

　この時期のアジア諸国は，労働費用上の利点があるにしても，インフラストラクチャーが未整備で，また，所得水準の低さから市場規模も小さいなど，立地環境は良好ではなかった。したがって，アジア諸国政府により輸入代替型工業化政策（保護貿易措置や外資優遇措置）が行われていなければ，日系多国籍企業が生産拠点を設置することにはならなかったと推測される。

　輸入代替型工業化政策による日系多国籍企業の立地選択に対する効果を整理すると，以下のようになる（鈴木，2001b）。

図1−12　輸入代替型工業化政策へ対応した日系多国籍企業の立地選択

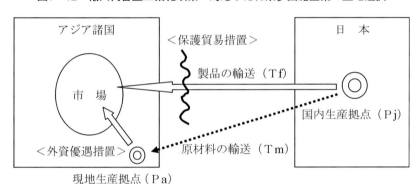

出所）筆者作成。

　日本での生産費用をPj，アジア諸国での生産費用をPa，日本からアジア諸国への製品の輸送費用をTf，日本からアジア諸国への原材料（あるいは半製品）の輸送費用をTmとすると，「Pj＋Tf＜Pa＋Tm」であるならば生産拠点を日本に立地した方が有利であり，逆に，「Pj＋Tf＞Pa＋Tm」であるならば生産拠点をアジア諸国に立地した方が有利である。輸入代替型工業化政策が行われると，保護貿易措置によりTfが人為的に引き上げられ，外資優遇措置によりPaが人為的に引き下げられることになる。そのため，「Pj＋Tf＞Pa＋Tm」といった条件が満たされ，日系多国籍企業のアジア諸国への立地展開が促進されると考えられる（図1−12を参照）。

注
1) 多国籍企業の立地行動については，鈴木（1994）や鈴木・桜井・佐藤（2005）を参照のこと。なお，本章の補論で，グローバルな立地環境の下での多国籍企業の立地選択について論じている。

2) ウェーバーの立地論についての論述は，Weber（1909）邦訳書69〜71頁，94〜96頁，113〜119頁を参照した。ウェーバーの立地論についての解説は，伊藤（1976）が詳しい。また，山﨑（1988）は，ウェーバーの立地論の意義を明確に論じている。

3) フーヴァーの市場地域モデルについての論述は，Hoover（1948）pp.222-223（邦訳書218〜219頁）を参照した。市場地域の分析は，パランダー（Palander, 1935）やグリーンハット（Greenhut, 1956），スミス（Smith, 1971）なども行っている。松原宏は，「Yの基礎モデル」と呼んでおり，産業立地論の基礎理論として重視している（松原編，2002，2〜4頁）。

4) ヴァーノンのニューヨーク大都市圏の工業立地研究についての論述は，Hoover and Vernon（1959）pp.3-21, pp.53-67（邦訳書2〜22頁，55〜71頁）およびVernon（1960）pp.3-6, p.68（邦訳書5〜6頁，73頁）を参照した。ヴァーノンの産業立地研究については，鈴木・中川・桜井（1999）で検討している。

5) グリーンハットの寡占企業の立地行動モデルについての論述は，Greenhut（1956）邦訳書67〜76頁を参照した。

6) クリスタラーやレッシュの研究は中心地理論とも呼ばれる。中心地理論に関する研究としては，森川（1980）や林（1986）などがある。また，鈴木（1988）は，価格モデルの側面からクリスタラーとレッシュの研究を総合的に検討している。

7) プレッドの都市システム研究についての論述は，Pred（1974）pp.105-127を参照した。日本の都市システムについては，阿部（1991）が詳しい実態分析を行っている。

8) クルーグマンの産業立地モデルについての論述は，Krugman（1991）pp.15-29（邦訳書25〜37頁）を参照した。クルーグマンのモデルの検討は，鈴木（2000）で行っている。なお，同様の産業立地モデルをさらに展開させた，藤田・クルーグマン・ベナブルズの研究（Fujita, Kurugman, and Venables, 1999）もある。

9) マーティンとサンレイ（Martin and Sunley, 1996）は，経済地理学の立場から，クルーグマンは地域の制度的・社会的・文化的側面を無視していると批判している。

10) ポーターの企業活動の配置と調整についての論述は，Porter ed.（1986）邦訳書

25～71頁を参照した。なお，ポーターの研究（国や地域の競争優位性の研究も含む）についての解説は，加藤（2000）が詳しい。

11）松原（1991）も同様の分類を行っており，「製品間・工程間空間分業型」と「市場分割・相互浸透型」と名付けている。また，業種別の立地分析から，電機・自動車は前者の形態を，鉄鋼・製油・石油化学・ビールは後者の形態を示していることを述べている。松原が業種別の立地パターンに焦点を合わせているのに対して，筆者は，企業の複数拠点立地の特徴を複合的に把握するために企業内空間分業型と市場圏分割型を取り扱っている。なお，筆者は多国籍企業の立地展開に関するハイマーとヴァーノンの研究を比較する中で，2つの類型を抽出している（鈴木，1987，1994）。

12）企業が一連の企業活動を各事業拠点にどのように割り当てるのかは，「立地単位の設定」の問題である。立地単位の設定も，広い意味での企業の立地行動の1つである（詳しくは，第2章で論じる）。

第2章　産業活動連鎖と企業の立地行動

第1節　はじめに

　企業は広い意味での生産活動（モノの生産だけでなくサービスの生産を含む）を行う経済主体であり，企業行動を分析するためには生産活動を具体的に把握する必要がある。生産活動を具体的にとらえる1つの方法は電機産業（電気・電子機械産業）や自動車産業など各種の産業（業界）に分類することである。したがって，経済社会の立地環境に対応した企業の立地行動についても，特定の産業活動を念頭におきながら，分析することが有用である。

　ところで，序章で述べたパネル産業の場合，テレビメーカーのパネル生産活動だけでなく関連の部品・部材メーカーの生産活動も含めてパネル産業と認識される。こうした部品・部材メーカーの生産活動は，一般的な産業分類では化学工業や金属製品製造業などに属するものもあるが，パネル生産を軸にして密接な取引関係があるため，同じ産業として把握されるのである。

　特定産業における生産活動間の結び付きを「産業活動連鎖」と呼ぶことにする。こうした産業活動連鎖が，企業の立地行動を通じて，地理的にどのように配置されるのかを明らかにすることが重要である。本章では，第1章で述べた事業拠点の立地選択の論理を踏まえながら，産業活動連鎖との関連で，広義での企業の立地行動について検討する。

第2節　産業活動連鎖と企業の立地行動について

1. 産業活動連鎖
（1）産業活動連鎖の考え方

パネル産業（あるいはテレビ産業）を念頭において，あらためて産業活動連鎖の考え方について説明してみる。

図2－1　パネル生産を中心とした産業活動連鎖

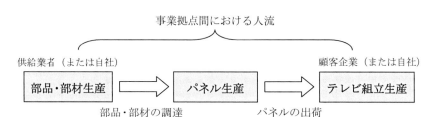

注）パネル生産を中心にして産業活動連鎖を示している。
出所）筆者作成。

図2－1は，パネルの生産を中心とした産業活動連鎖を示している。テレビの生産工程の側面からみると，（1）パネル用の各種の部品・部材の生産，（2）その部品・部材を使ったパネルの生産，（3）パネルなどを使ったテレビの組立生産，といった産業活動連鎖となっている。パネル生産拠点を軸に物流面からとらえると，部品・部材生産拠点から部品・部材を調達し，テレビ組立生産拠点へパネルを出荷している。また，図には示されていないが，企業の事業拠点には生産拠点の他にも研究開発拠点や販売・マーケティング拠点などがあり，事業拠点間においては営業や共同開発などのための人の流れ（人流）も行われる。こうした事業拠点間における物流や人流は，産業活動連鎖の重要な構成要素である。

シャープの場合，これまで自社のテレビ組立生産拠点向けにパネルを生産し

てきたが，堺市の新工場で生産するパネルはソニーなど他のテレビメーカー（顧客企業）向けの割合が大きくなると推測される。また，パネル用の部品・部材生産については基本的に供給業者（部品・部材メーカー）に任せている。このようにパネル生産活動に関連した取引関係は，自社の事業拠点間における「企業内取引」と他社（顧客企業や供給業者）との「企業間取引」がある。いいかえれば，産業活動連鎖は，企業内および企業間でなされている。

（2）産業活動連鎖と産業活動の地理的配置

　産業活動連鎖が企業の立地行動を通じて地理的（空間的）に投影されることにより，産業活動の地理的配置が編成されると考えられる。

　序章や第1章で述べたように，シャープのテレビ組立生産拠点は世界の主要市場に合わせて分散的に配置される傾向がみられ，一方でパネル生産拠点は企業の本国・本拠地に集中的に配置される傾向がみられる。部品・部材生産拠点はパネル生産拠点に近接して配置される傾向があるため，パネル用の部品・部材生産をも含めてパネル産業集積が形成されつつある。パネル産業集積においてはパネル研究開発拠点とパネル生産拠点との連携や，パネルの研究開発拠点・生産拠点と部品・部材の研究開発拠点・生産拠点との連携も行われるため，こうした事業拠点間での人流も活発になされると考えられる。

表2-1　事業拠点間の結び付き

	企業内	企業間
地域内	本拠地（あるいは進出先地域）内での自社の各種事業拠点間の連携など	本拠地（あるいは進出先地域）内での他社（顧客企業や供給業者）との連携など
地域間ないし各国間	本拠地の事業拠点と進出先地域の事業拠点との連携など	他地域に立地する他社への外部委託など

出所）筆者作成。

　表2-1は，企業内・企業間および地域内・地域間の視点から，事業拠点間の結び付きを整理したものである。企業が事業拠点を本拠地などの特定地域に集中的に配置したり，域内の他社（顧客企業や供給業者）との連携を進めると，産業活動の地理的配置が地域内で高密度に編成される。また，企業が事業拠点を本拠地だけでなく国内他地域（さらには海外地域）にも配置すると，産業活動の地理的配置が地域間（さらには各国間）をまたがって編成される。他地域に立地する他社への外部委託を通じて，産業活動の地理的配置が拡張される場合もある。以上のような企業（自社および他社）の事業拠点の配置や事業拠点間における連携によって，産業活動の地理的配置が編成されると考えられる。

2. 広義での企業の立地行動

　産業活動連鎖の考え方を踏まえながら，広義での企業の立地行動について整理してみる。

(1) 立地単位の設定

　企業は，産業活動連鎖のどの部分を自社内で行い，どの部分を他社に任せるのかを決めるとともに，自社内で行う生産活動を各事業拠点にどのように割り当てるのかを決める。生産活動の事業拠点への割り当ては，「立地単位の設定」と呼ぶことができる。単一拠点立地の場合は1つの立地単位（事業拠点）内部にすべての企業活動が詰め込まれるが，複数拠点立地の場合にはどのような企業活動を複数の事業拠点にどのように割り当てるかによって多様な立地単位の設定パターンがあり得る。立地単位の設定は立地選択を行うための前提となるものであるが，こうした立地単位の設定も，広義での企業の立地行動に含められる。

(2) 事業拠点の立地適応

　前述したように，企業はどのような生産活動を各事業拠点にどのように割り当てるのかを決めるが，経済社会の立地環境に対応して，事業拠点の活動内容を変更することもあり得る。これは「事業拠点の立地適応」と呼ぶことができ

る。いいかえれば，立地場所は変わらなくても事業拠点の内容を現在の場所の立地環境に合わせて変更すれば，広義での立地行動と見なすことができる[1]。もちろん，事業拠点の立地選択と立地適応が複合的に行われる場合も考えられる。

(3) 経営資源の地理的循環の決定

　企業は各事業拠点に生産活動のための経営資源（人，物，金など）を配分するとともに，事業拠点（関連企業の事業拠点も含む）間における経営資源の地理的循環を決める。物の地理的循環（物流）については，ウェーバーなど伝統的な産業立地論で古くから考察されており，また現代の企業経営においてもロジスティクスあるいはSCM（サプライ・チェーン・マネジメント）として論じられている。戦略的な物流管理であるロジスティクスやSCMも，広義での企業の立地行動といえる。

　一方，人の地理的循環（人流）については，ヴァーノンがニューヨーク大都市圏の工業立地研究において技術改善などのために人流が産業集積地内において活発に行われることを示唆しているものの，人流も物流と同様に地理的に離れた事業拠点間で行われる場合もあり，人の地理的循環の問題はより一般的に検討する必要がある。現代の企業経営においても，人の地理的循環が正面から論じられることは少ないが，事業拠点間における人流は企業経営上，不可欠であり，人の地理的循環をどのように行うのかも広義での企業の立地行動であると考えられる。

(4) 事業拠点の立地選択

　事業拠点の立地選択（企業が各種の事業拠点をどの場所に立地するのか決めること）は，企業の立地行動の基本である。複数拠点立地の場合は，ある事業拠点の立地選択は，他の事業拠点の立地選択と密接に関連しており，事業拠点全体の配置を把握する必要がある。そのためには，立地単位の設定や経営資源の地理的循環の決定なども考慮に入れることが重要である。

3. 産業活動連鎖と産業の地理的配置に関する先行研究

産業活動連鎖と産業の地理的配置については，すでにポーターやディッケン，矢田俊文が同様の考え方を指摘している。

ポーター（Porter, 1990）は，企業の一連の活動をバリュー・チェーン（価値連鎖）として論じる一方で，関連企業の活動との結び付きをバリュー・システム（価値システム）と呼んでいる。ただし，第1章で取り上げた企業活動の配置と調整の研究においては，バリュー・システムの側面は十分に検討されていない。

一方，ディッケン（Dicken, 1998）は，「生産連鎖」という概念を使って，ポーターの企業活動の配置・調整の考え方を企業内だけでなく企業間レベルで論じている[2]。ディッケンによれば，生産連鎖は，企業内および企業間の相互関係ネットワークにより調整されるとともに，国家により規制を受ける。ディッケンの生産連鎖の研究は，経済地理学的な観点から現代の世界経済の動向を考察しており興味深いが，企業の立地行動に関する論理はほとんど述べられていない。

また，矢田（矢田，1982；矢田編，1990）は「地域構造論」において，諸活動・諸機能の立地体系とそれを基礎として展開するモノ・ヒト・カネ・情報の地域的循環といった2つの側面から「産業配置」を論じている。矢田の産業配置の研究も，国民経済の地域構造といったマクロ的なレベルでの考察が中心であり，ミクロ的な企業の立地行動は十分に検討されていない[3]。

本章では，ポーターやディッケン，矢田の研究を参考にしながらも，企業の立地行動に引きつけて産業活動連鎖と産業活動の地理的配置をとらえ直している。

第3節　イノベーションの推進と企業の立地行動

ところで，現代における企業の立地行動を検討するためには，イノベーショ

ンの推進や企業間ネットワークの活用の視点が欠かせない。以下では，現代の
経営学研究（知識創造やアーキテクチャなど）を参考にしながら，イノベーショ
ンおよび企業間ネットワークについて論じてみる。

1．イノベーションの推進と知識創造

　イノベーションの推進には，企業内および企業間における知識創造が欠かせ
ない。野中郁次郎・竹内弘高（Nonaka and Takeuchi, 1995, 邦訳書, 81 〜 108頁）
の『知識創造企業』は，企業行動を説明するための基本的な分析単位として「知
識」に着目し，知識創造のプロセス（暗黙知と形式知の相互作用）について論じ
ている。形式知は形式言語によって表される知識であるため，容易に伝達でき
るが，暗黙知は特定状況に関する個人的な知識であり，形式化したり他人に伝
えたりするのが難しい。そのため，知識創造のためには，共体験（経験の共有）
を通じて他人の持つ暗黙知を獲得したり，対話を通じて暗黙知を形式知に変換
することが重要となる（表2-2を参照）。

表2-2　知識創造のプロセスについて

知識創造のプロセス	知識変換の主な方法	対面接触の必要性
共同化（暗黙知から暗黙知への変換）	共体験（経験の共有）	非常に高い
表出化（暗黙知から形式知への変換）	対話	高い
連結化（形式知から形式知への変換）	コンピュータ・ネットワークや大規模データベースの利用	低い
内面化（形式知から暗黙知への変換）	マニュアル等による追体験	やや低い

注）知識創造のプロセスは、共同化、表出化、連結化、内面化が繰り返されながら進行する。なお、
　　対面接触の必要性の程度については、筆者の推測による。
出所）Nonaka and Takeuchi（1995）邦訳書、81 〜 108頁を参考にして筆者作成。

　知識創造のプロセスでは，「連結化」における形式知の伝達（形式知から形式知への変換）については，知識を有する個々人が対面接触する必要性が低いため，事業拠点間が地理的に離れていてもあまり問題はない。だが，「共同化」における共体験を通じた暗黙知の獲得（暗黙知から暗黙知への変換）や「表出化」における対話を通じた暗黙知から形式知への変換については対面接触が必要であり，こうした知識創造のプロセスは事業拠点内あるいは近接した事業拠点間の方が行いやすい。したがって，イノベーションの推進には，知識を有する人の地理的循環（事業拠点間における人流）の面から，事業拠点間の近接性が重要であると考えられる。

　以上のことから，研究開発活動は研究所（研究開発拠点），製造活動は工場（生産拠点），販売・マーケティング活動は本社や支店・営業所（販売・マーケティング拠点）というように立地単位が別々に設定されていても，イノベーションの推進のために製造に関する知識と研究開発に関する知識を相互交流することが重要であるならば，生産拠点と研究開発拠点の近接性が必要となる。また，イノベーションの推進（市場対応型のイノベーション）のために研究開発に関する知識と販売・マーケティングに関する知識を相互交流することが重要であるならば，研究開発拠点と販売・マーケティング拠点の近接性が必要となる。こうしたことは関連企業（供給業者や顧客企業）の事業拠点との関係でも同じように考えられる。

　なお，田村大樹（田村，2000，2004）は，知識（情報）は「空間的人流」，「空間的物流」，「空間的情報流（光速流）」といった3つの形態で地理的循環していくと論じており，「情報のキャリアーとしての人間」によって技能情報などの「S（Specialized）情報」や社内の極秘情報などのE（Exclusive）情報の多くが運ばれると指摘している。また，S情報やE情報と異なり取得が容易である「O（Open）情報」の多くは，書籍などの情報財に付随して（空間的物流として）運ばれたり，通信によって（空間的情報流として）運ばれると指摘している（田村，2004，17～23頁）。田村の論じるS情報やE情報が，イノベーションの推進のための知識（情報）に相当すると考えられる。プレッドが都市システムの研究

において論じている情報の循環についても，主としては，知識を有する人の地理的循環であると考えられる。

2. 企業間ネットワークとアーキテクチャ

　産業活動連鎖（および知識の相互交流）は企業内および企業間でなされているが，企業戦略に基づいて企業間取引が企業内取引に転換（内部化）することや，企業内取引が企業間取引に転換（アウトソーシング）することもある。近年は，アウトソーシング（いいかえれば企業間ネットワーク）を積極的に活用する企業が増えてきている。

　日本企業の多くは，研究開発，製造，販売・マーケティングといった一連の活動のすべてを企業内で行っているが，海外の企業においては，企業間ネットワークを活用して，製造だけを行う「生産専業企業」や研究開発や販売・マーケティングだけを行う「ファブレス企業」も目立っている（生産専業企業は台湾企業などに，ファブレス企業はアメリカ企業などに特にみられる）。ここで注目したいのは，生産専業企業の生産拠点とファブレス企業の研究開発拠点あるいは販売・マーケティング拠点とは必ずしも地理的に近接していないことである。

　事業拠点間における人流の大きさは，企業間取引における「すり合わせ」の程度にも依存すると考えられる。藤本隆宏（2004, 120〜138頁）の提起した「アーキテクチャ（設計思想）」の概念は，こうした「すり合わせ」の問題を考える上で役立つ。アーキテクチャは，狭義には，製品を構成する部品にどのような機能を振り分けるかといった製品の設計思想のことであり，各部品が自己完結的な機能を持っているので単純に寄せ集めて製品になる「組み合わせ型（モジュラー型）」や，製品機能を高めるためには各部品の設計を相互に調整する必要のある「すり合わせ型（インテグラル型）」に区分される[4]。

　アーキテクチャを広義にとらえると，各事業拠点の活動のそれぞれが自己完結的な機能を持っている「組み合わせ型」なのか，あるいは製品の付加価値を高めるためには事業拠点の活動を相互に調整する必要がある「すり合わせ型」なのか，というように2つのタイプに分けてみることが可能である。後者のタ

イブのように事業拠点間の「すり合わせ」の必要性が高いならば，人流が活発になるため，関連の事業拠点が相互に近接立地する傾向が強まる。前述した生産専業企業の生産拠点とファブレス企業の研究開発拠点あるいは販売・マーケティング拠点の場合は「組み合わせ型」であるために，それらの拠点間における人流が限定的であり，地理的に近接する傾向も弱いと考えられる。

3. サプライヤー・システム

　日本における企業間取引については，いわゆる「すり合わせ型」の場合が多いと推測されるが，これは日本社会という独特な立地環境（長期的な取引慣行など）のもとで形成されてきた日本的生産システムを反映していると考えられる。日本的生産システムの側面から大手組立メーカーと下請企業（サプライヤー）との連携に注目したサプライヤー・システムという概念があるが，サプライヤー・システムにおいては，ジャスト・イン・タイムといった物流の問題だけでなく，共同開発といったイノベーションの問題が論じられている。大手組立メーカーとサプライヤーが共同で新製品を開発することで，開発期間を短縮できたり，互いの設計上の工夫により生産費用を削減することが可能になるのである。[5]

　また，植田浩史は『現代日本の中小企業』（植田，2004，79～87頁）の中で，日本的なサプライヤー・システムの特徴の1つとして，中小企業サプライヤーによるVA提案・VE提案について説明している。植田によれば，大手組立メーカーとの共同開発に関わることが困難な中小企業サプライヤーも，特定の分野の加工や製造に特化・専門化することで身につけてきた知識・ノウハウに基づいて，量産を行う中で既存の製造方法や設計に対して問題点を発見し，発注側の顧客企業に提案（VA提案）することがある。また，VA提案能力を高めた中小企業サプライヤーの中には，量産前の設計段階や試作段階で提案（VE提案）する場合もある。

　中小企業を中心とした産業集積の形成論理を考える上で，「すり合わせ型」の日本的なサプライヤー・システム（特に中小企業サプライヤーによるVA提案・

VE提案）の役割を認識することが重要である。ただし，競争優位性を持つ中小企業サプライヤーは各地の顧客企業と取引しており，産業集積内部だけで知識（技術情報・ものづくり情報）の相互交流が完結しているわけではない。

　事業拠点間の近接性は，人の地理的循環を容易にするため，知識の相互交流によるイノベーションの推進の可能性を高めると考えられるが，すべての事業拠点（関連企業の事業拠点も含む）を近接させることは不可能である。そのため，知識を有する人が地理的に離れた事業拠点へと移動（出張）することで，事業拠点間における知識の相互交流が進められる場合も考えられる。

　イノベーションの推進のプロセスを明らかにするためには，特定の産業集積内部のサプライヤー・システムを分析するだけでは不十分であり，具体的な産業活動連鎖を把握しながら，知識を有する人の地理的循環を含めた広義での企業の立地行動を検討することが重要であるといえる。

第4節　産業活動連鎖と企業の立地行動のケース

　以下では，ヒアリング調査による個別企業のケース・スタディーを通じて，産業活動連鎖と企業の立地行動について掘り下げて考察してみる。

1．A社のケース・スタディー

　最初に，大阪に本社がある中小企業（A社）へのヒアリング調査結果にもとづき，産業活動連鎖と企業の立地行動について検討してみる[6]。

　A社は業種的には化学工業（油剤の製造）に属しており，従業者数は約30名である。生産拠点（工場）は1カ所のみで，大阪府和泉市にある。また，研究開発拠点（研究所）を大阪市の本社ビルの中に設置している。

　A社は，主に輸入品である油剤原料（ベースオイル，化成品，油脂類）を商社から調達し，金属工作油剤（研削油，切削油など）を製造し，工作機械メーカーなど一般機械メーカーや金属加工メーカーに供給している。図2−2に示される

図2−2　産業活動連鎖におけるＡ社の位置づけ

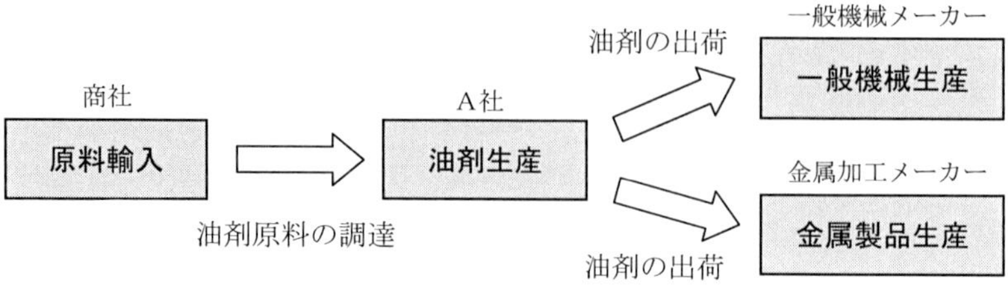

出所）Ａ社へのヒアリング調査結果にもとづき、筆者作成。

ように，Ａ社は，一般機械や金属製品の産業活動連鎖に関与していると考えられる。

　大手の金属工作油剤メーカーにとっての最大の顧客企業は，自動車メーカーや鉄鋼メーカー，家電メーカーであるが，Ａ社はターゲットを一般機械メーカーと金属加工メーカーに絞っている。このことは，自動車メーカー向け等の大量生産品の油剤（5万リッターのローリーで納める）を取り扱わず，高性能の少量生産品の油剤（5千リッターのもの）に特化していることを反映している。また，Ａ社は，高性能の油剤のため，管理の行き届いた企業に販売することを方針とし，顧客企業を選択しながら市場開拓を進めている。つまり，利益率が高くなるような製品・顧客に特化しているといえる。

　金属工作油剤は非常に種類が多く（水溶性の油剤だけで800種類），Ａ社は顧客企業ごとのカスタマイズ（ブレンド）を競争優位性にしている。顧客企業である工作機械メーカーは，新しい金属材料の加工にも取り組むため，Ａ社に対して油剤の性能に関するクレームも出してくる。このクレームへの対応が，Ａ社の新製品開発につながっている。Ａ社の営業スタッフは技術者とのコミュニケーションを頻繁に行っており，また，技術者が営業に同行することもある。こうしたことが，顧客企業のニーズやクレームに対応した開発・製造に結び付いていると考えられる。

図2-3　　A社の営業スタッフの役割

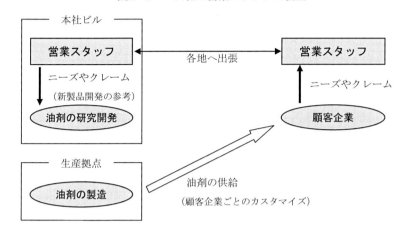

出所）A社へのヒアリング調査結果にもとづき、筆者作成。

　A社は，もともと大阪市に生産拠点（本社工場）を設置していたが，2002年に和泉市に生産拠点を移転した。それに伴って，研究開発拠点（研究所）も大阪市の本社内から和泉市に移転したが，本社の営業スタッフと研究所の技術者とのコミュニケーションがうまくいかなかったため，2006年に本社ビルを新しくした際に，研究所を本社ビル内に戻した。A社の場合，研究開発拠点と販売・マーケティング拠点（営業拠点）を地理的に近接させているといえる。

　図2-3に示されるように，本社の営業スタッフは，顧客企業の関係者との対面接触を通じて，顧客企業のニーズやクレームを把握し，一方で，本社内の研究開発拠点の技術者との対面接触を通じて，新製品開発の参考となるニーズやクレーム情報を技術者に提供している。また，高性能の油剤の技術情報を身につけ，そうした油剤を必要とする優良な顧客企業を選択しながら市場開拓している。名古屋に主要な顧客企業がいるため，本社の営業スタッフは週に2日は名古屋に出張している。

　なお，A社は，東京・関東の市場開拓のために，1997年に東京営業所を設置しており，東京の営業スタッフが関東以北を担当し，大阪（本社）の営業スタッ

フがその他地域を担当している。ただし，A社は，毎月1回，大阪（本社）で研究開発・製造・営業の合同会議を開催しており，東京の営業スタッフもこの会議に参加することで研究開発拠点の技術者とのコミュニケーションを維持していると考えられる。

　ところで，A社は，1997年にシンガポールに合弁で販売子会社を設立しており，シンガポールやタイの現地企業への油剤の供給も行っている。中国の天津にも事務所を設置しているが，現在のところ，中国での事業展開には慎重である。このことは，A社の取り扱う油剤が高性能で高価格品であることと関係していると考えられる。日本国内では顧客企業の要望を聞いて，多様な製品を供給しているが，海外では，営業の手間を省くため，特定の製品を特定の顧客企業に供給している。

2. B社のケース・スタディー

　次に，プラスチック製品製造業（樹脂の加工）に属するB社の立地行動について検討してみる[7]。B社の従業者数は約120名であり，中小企業ではあるが，前述のA社よりも企業規模は大きい。

　B社の本社は大阪にあり，生産拠点（工場）は大阪，大分，滋賀，仙台にある。本社内に製造本部があるが，研究開発拠点はない。B社が大阪工場に加えて大分に新工場（九州工場）を設置したのは1994年であるが，立地場所として九州・大分を選択した理由は，土地費用が大阪の周辺地域に比べて安かったことと，大分の誘致担当者が熱心であったことである。なお，その後，2002年に滋賀工場を，2006年に仙台工場を設置している。

　九州工場を設置した当時，B社の主力事業は食品産業向けの事業であった。具体的には，食品メーカーの工場向けに樹脂製品（ビンが割れないためのクッション材など）を供給していた。九州工場は食品産業の需要拡大に対応して設けたが，ビンから缶へのシフトに伴って食品産業の需要が急激に縮小してしまった。そのため，九州工場の仕事が無くなり，新たな事業の開拓を余儀なくされた。九州は半導体産業が多数立地する「シリコン・アイランド」であったため，樹

脂製品（部品）を半導体装置メーカーの九州工場へと供給することになった。ただし，高精度な樹脂加工を必要とする半導体産業向けの事業展開には，これまで樹脂加工に使用していた木工用機械から金属加工機械へと機械設備を入れ替える必要があり，Ｂ社にとって大きな経営決断であった。結果的に，この事業展開は成功し，半導体産業向けの事業において蓄積した高機能の樹脂溶接技術がその後のＢ社の競争優位性となった。

　産業活動連鎖の側面から，以上のＢ社の事業展開を位置づけてみると，図2－4のように表される。Ｂ社は大手の化学メーカーから樹脂を調達し，樹脂を加工し，顧客企業に樹脂製品を出荷している。以前は，主な顧客企業が食品メーカーであったので，Ｂ社は食品の産業活動連鎖に関与していたと考えられる。事業展開の結果，Ｂ社は半導体装置メーカーにも樹脂製品（部品）を出荷するようになり，半導体の産業活動連鎖にも関与するようになった。その後，Ｂ社は，医療機器産業など他の産業向けにも事業展開しており，複数の産業活動連鎖に関係するようになってきた。

図2－4　産業活動連鎖におけるＢ社の位置づけ

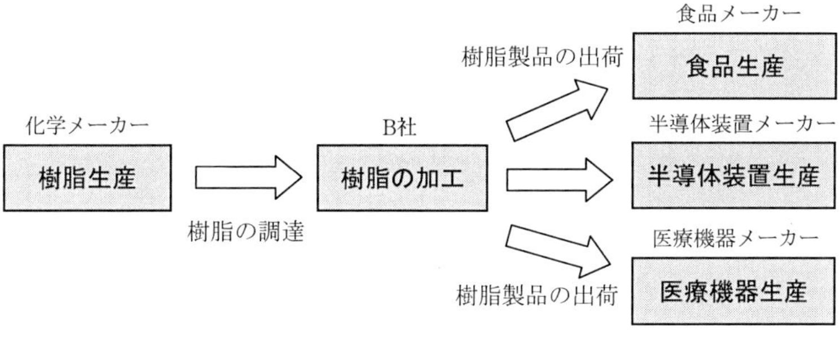

出所）Ｂ社へのヒアリング調査結果にもとづき、筆者作成。

　Ｂ社の立地行動（生産拠点の立地選択）の特徴としては，単一拠点立地（大阪工場）から複数拠点立地（大阪，大分，滋賀，仙台の各工場）へと展開してきたことが挙げられる。九州工場（大分）の設置は，既存の事業拡大（食品産業向

けの事業拡大）に対応したものであったが，結果的に，シリコン・アイランド
としての九州の立地環境に合わせた新たな事業展開（半導体産業向けの事業展開）
に結び付いた。最新の仙台工場の設置は医療機器産業向けの事業展開に対応し
たものであり，Ｂ社の場合，複数の産業活動連鎖への積極的な関与が複数拠点
立地への展開と大きく関係しているといえる。

　なお，Ｂ社の大阪工場は，住宅地の中にあるため夜8時までしか操業できな
いが，ベテラン労働者が中心であり，仙台工場立ち上げの際には研修の受け入
れを行うなど，教育指導の役割も担っている。また，Ｂ社の工場は海外には設
置されていないが，Ｂ社では数年前に中国生産を検討するために中国（上海な
ど）を調査し，当面，中国現地生産は不要であると判断した。一時期，アジア
の低価格品（輸入品）と競合したものの，精度の問題で競合しなくなったことも，
Ｂ社が中国に工場を設けなかった理由であると推測される。

図2−5　Ｂ社の営業スタッフの地理的配置

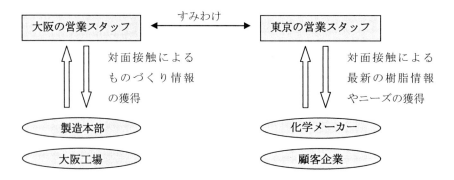

出所）Ｂ社へのヒアリング調査結果にもとづき、筆者作成。

　ところで，Ｂ社の営業本部はもともと大阪（大阪本社）にあったが，2005年
に東京（東京本店）に移転した。その理由は，仕入先（大手の化学メーカー）か
らの情報や顧客企業のニーズを手に入れやすいためである。Ｂ社は工業用の高

性能樹脂の総代理店もしており，仕入先である化学メーカーとの結び付きが強い。ただし，営業スタッフは依然として大阪にも存在しており，東京の営業スタッフと「すみわけ」している。つまり，東京本店の営業スタッフは，東京に立地する仕入先や顧客企業の関係者との対面接触を通じて，最新の高機能樹脂についての情報やそうした樹脂に対する顧客企業のニーズを収集しており，一方で，大阪本社の営業スタッフは，製造本部や大阪工場のスタッフとの対面接触を通じて「ものづくり情報」を身につけるとともに各地に出張し，顧客企業の関係者に対して営業活動を行っているのである（図2-5を参照）。

3. C社のケース・スタディー

　大阪に本社があるC社は，様々な種類の電気・電子機械製品を生産し，国内だけでなく海外（アジア，北米，欧州など）にも多数の事業拠点を設置している巨大企業である。以下では，1960年代～90年代にかけてのC社のテレビ生産活動の東南アジアへの展開を中心に，C社の立地行動について検討してみる[8]。なお，ここで論じるテレビ生産活動は，2000年代以降に主流となっている薄型テレビ（液晶テレビなど）ではなくブラウン管テレビの生産活動である。

　ブラウン管テレビの産業活動連鎖は図2-6のように表されるが，C社のテレビ生産活動の東南アジアへの展開パターンは，大まかには，図の（a）から（b）へと転換してきたと認識できる。

　C社のテレビ組立生産拠点については早くも1960年代から1970年代初めにかけて東南アジアの主要4カ国（タイ，マレーシア，インドネシア，フィリピン）に設置された。こうした東南アジアでの生産拠点は，現地販売向けの小規模な生産拠点であり，東南アジア諸国政府の輸入代替型工業化政策に対応して設けられた。また，テレビだけでなく，扇風機や洗濯機など複数の家電製品の組立生産を行った。なお，テレビの主要部品であるブラウン管は日本（大阪ほか）で生産され，現地の生産拠点へ輸出された。この当時，日本国内のテレビ生産は白黒テレビからカラーテレビへとシフトしつつあり，製品のライフサイクルに伴って旧式の製品（白黒テレビ）生産を日本から東南アジアへ移転させたと見

図2－6　C社のテレビ生産活動の東南アジアへの展開パターン

(a)　1960～70 年代

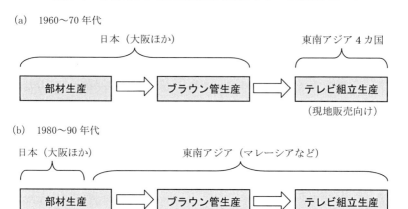

(b)　1980～90 年代

注)ブラウン管はC社のグループ企業が生産、ブラウン管用の部材はC社のグループ企業および他社（供給業者）が生産。グループ企業を含めてC社と呼んでいる。
出所）C社およびグループ企業へのヒアリング調査結果にもとづき、筆者作成。

ることもできる。

　C社は，その後，1970年代末にシンガポールにブラウン管生産拠点を設置するとともに，ブラウン管用の部材の一部（偏向ヨーク，フライバック・トランス）もシンガポールに近接するマレーシア・ジョホール州で生産することにした。その結果，ブラウン管はシンガポール生産拠点から東南アジア4カ国のテレビ組立生産拠点へ供給されることになった。ただし，C社のアジアでのテレビ事業戦略は1980年代半ばまでは日本でのテレビ生産が中心であり，テレビの海外生産は各国の現地販売向けを中心に小規模に行われるだけであった。だが，こうしたC社のテレビ事業戦略は，1980年代後半の円高に直面して大幅に転換することになり，輸出向けの大規模なカラーテレビ組立生産拠点が1988年にマレーシア（クアラルンプール郊外のシャーラム工業団地）に設置されることになった。ブラウン管生産拠点についてもテレビ新工場に近接して1990年に新たに設置された（シンガポールからマレーシアへと移転した）。

　マレーシアの新工場では1995年において年間220万台のテレビが生産された

が，そのうち約100万台は日本向けに，約120万台は中国，ロシア，東欧，中近東向けに輸出された。なお，製品は小型・中型（14インチや21インチなど）が主力であり，当時，日本国内の生産拠点（大型製品や高機能製品が中心）とは製品間分業が行われていたと考えられる。また，1995年におけるマレーシア新工場の原材料調達については，日本からの輸入が約4割（金額ベース）を占めており，ブラウン管は現地で生産するものの，ブラウン管用の重要部品などは日本で生産するといった工程間分業が行われていたと考えられる。

　マレーシアの新規のテレビ工場は，日本の工場に比べて，2割ほどコストが低かったが，この低コスト化はマレーシアの低賃金労働力の利用を単純に反映しているものではない。なぜなら，労働費用は費用全体の2%〜3%に過ぎないからである。マレーシア新工場のコスト力は，夜間労働を含めた2シフト生産体制であることと関係している。生産ラインの設備費用は非常に多額であるが，2シフト生産体制によりラインの設置が少なくて済む。また，現地での安価な部材を利用した「合理化モデル」を開発・生産したことも，マレーシア新工場のコスト力の強化につながった。1990年に工場内に研究開発機能（Ｒ＆Ｄセンター）を設置したが，1992年にＲ＆Ｄセンターによる現地調達部材での自主開発モデル1号機が完成した。Ｒ＆Ｄセンターの従業者数は1995年において69名で，うち日本人スタッフが8名であった。なお，マレーシアではジョブホッピングのため労働者の離職率が非常に高く，企業内での研修・訓練を十分に行うことができない。そのため，マレーシア新工場では，仕事内容のマニュアル化や自動化推進によりヒューマン・エラーの削減が追求された。

　新規のテレビ工場の立地場所として，東南アジアの中で，マレーシアが選択された理由としては，労働条件の良さに加えて，マレーシア政府の外資優遇条件，原材料調達（物流）優位性，言語・教育水準，政治安定性が挙げられる。マレーシア政府の外資優遇条件としては，研究開発などで先進的な企業に「パイオニア・ステータス」を認め，法人税の免除などの手厚い優遇を与えている。こうした外資優遇条件はマレーシア新工場にＲ＆Ｄセンターを早期に設置した原因にもなったと推測される。Ｃ社は，他の候補地としてシンガポールとタイも考

えたが，シンガポールは労働条件の問題（労働費用の高さ）で，タイは原材料調達（物流）の問題などで，選定から外れた。なお，C社は1996年にテレビ組立生産拠点を中国にも設置したが，中国拠点は現地販売が中心であり，急成長の中国テレビ市場の確保を目的としたものであった。

　ところで，C社は，海外の事業拠点の運営をサポートするために，アジア事業部（中国を除く），中国事業部，北米事業部，欧州事業部など主要地域別に編成された海外事業部を大阪市に設けるとともに，海外事業部の機能の一部を地域統括拠点（地域統括子会社）として海外に配置している。アジア事業部の場合は，シンガポールに地域統括子会社を配置しており，アジア事業部の事業部長がシンガポール地域統括子会社の社長を兼任している。シンガポール地域統括子会社は，アジア（主に東南アジア）に立地する事業拠点に対して，金融，物流，人材育成，製造力強化，販売戦略などの面で支援している。アジア事業部の事業部長（シンガポール地域統括子会社の社長）は，日本（大阪）とシンガポールとの間や，シンガポールと他のアジア諸国との間などを頻繁に行き来する。また，海外事業拠点へのサポートは，日本国内の工場や研究所によっても行われている。たとえば，海外のテレビ工場の場合は，国内の主力テレビ工場のスタッフが現地へ行って，立ち上げ時の技術指導などをしている。

4. ケースにおける広義での企業の立地行動

　以上のA社，B社，C社のケースを踏まえながら，事業拠点の立地選択以外の広義での企業の立地行動である「立地単位の設定」，「事業拠点の立地適応」，「経営資源の地理的循環の決定」（特に，知識を有する人の地理的循環の決定）について，あらためて整理してみる。

（1）立地単位の設定

　A社のケースでは，製造活動（油剤の製造）は単一拠点で行われているが，当初は1つの事業拠点（本社工場）内に製造活動，研究開発活動，販売・マーケティ

ング活動を詰め込んでいたのを，和泉市に新しく生産拠点・研究開発拠点を設置した際に，本社（販売・マーケティング活動）と生産拠点・研究開発拠点（製造活動および研究開発活動）を切り離した。だが，営業スタッフと技術者とのコミュニケーションの問題から，研究開発拠点を本社ビル内に戻している。

　B社のケースでは，製造活動（樹脂の加工）を行う立地単位としては，単一拠点（大阪工場）から複数拠点（大阪，大分，滋賀，仙台の各工場）へと展開してきた。これは，B社が半導体産業向けの事業や医療機器産業向けの事業といった新たな産業活動連鎖に関与してきたことに関係している。また，販売・マーケティング活動を行う立地単位としては，大阪本社に加えて，東京本店（営業本部）を配置している。

　C社のテレビ生産活動の東南アジアへの展開のケースでは，製造活動を行う立地単位として，現地販売向けの小規模な組立生産拠点に加えて，輸出向けの大規模な組立生産拠点を設置したが，現地販売向けの小規模な組立生産拠点の場合は，1つの立地単位内部でテレビ組立だけでなく他の家電製品の組立も行っていた。一方，輸出向けの大規模な組立生産拠点の場合は，テレビ組立だけに活動内容を集中するとともにR＆Dセンターも組み込んでいる。また，C社は東南アジアの事業拠点をサポートするためにシンガポールに地域統括拠点を設置しているが，これは各種の管理活動（財務管理，物流管理，労務管理，生産管理，販売管理など）を行う立地単位である。

（2）事業拠点の立地適応

　B社のケースでは，もともと九州工場の活動内容は食品産業向けの樹脂製品の生産であったが，シリコン・アイランドとしての九州の立地環境に合わせて新たな活動内容（半導体産業向けの樹脂製品の生産）に転換しており，これは事業拠点の立地適応であると考えられる。B社のような中小企業の場合は，製造活動を海外展開せずに国内諸地域に留める傾向が強い。このことは，高コストの国内地域でも生き残っていくために，活動内容をより高付加価値のものへと継起的に展開していく必要性を生じさせる。こうしたことも新たな産業活動連鎖への関与や事業拠点の立地適応の背景になっていると考えられる。また，A

社の場合は，利益率の高い製品・顧客企業に絞り込むことで，高コストの国内地域に適応しているといえる。

　大企業であるＣ社のように製造活動を海外諸地域に展開する場合は，国内と海外では立地環境が大幅に相違するので，立地環境の違いに合わせて活動内容を変更することも必要となる。したがって，企業の海外展開を考察する上でも，事業拠点の立地適応の視点が重要となる。[9]Ｃ社がマレーシアに設置した輸出向けのテレビ組立生産拠点では，マレーシアにおける労働状況（夜間労働が可能，労働者の離職率が非常に高い）に合わせて，2シフト生産体制を採用するとともに，企業内での研修・訓練ではなく仕事内容のマニュアル化や自動化推進によりヒューマン・エラーの削減を追求した。また，マレーシア政府の外資優遇条件（研究開発などで先進的な企業に「パイオニア・ステータス」を認め，法人税を免除）に合わせて，工場内にＲ＆Ｄセンターを早期に設置した。

（3）知識を有する人の地理的循環の決定

　Ａ社のケースでは，営業スタッフが出張し，各地の顧客企業の関係者との対面接触を通じて，顧客企業のニーズやクレームを把握するとともに，研究開発拠点の技術者との対面接触を通じて，新製品開発の参考となるニーズやクレーム情報を技術者に提供している。また，Ｂ社のケースでは，東京本店の営業スタッフが東京に立地する仕入先や顧客企業の関係者との対面接触を通じて最新の樹脂情報や顧客企業のニーズを収集する一方で，大阪本社の営業スタッフが製造本部や大阪工場のスタッフとの対面接触を通じて「ものづくり情報」を身につけて各地の顧客企業の関係者に対して営業活動を行っている。Ａ社やＢ社では，人（営業スタッフ）の地理的循環が知識（技術情報・ものづくり情報）の相互交流において大きな役割を担っており，事業拠点の選択にも影響を与えていると考えられる。

　Ｃ社のケースでは，東南アジアの事業拠点の運営をサポートするために，アジア事業部が設置され，さらにはシンガポールに地域統括子会社が設置されたが，事業本部長（地域統括子会社・社長）や事業部・地域統括子会社のスタッ

フが東南アジアの事業拠点間を行き来することになる。こうした人(管理スタッフ）の地理的な循環を通じて，金融，物流，人材育成，製造力強化，販売戦略などの面での支援が進められるが，シンガポールに地域統括子会社を設けたことで，日本（大阪）から直接的に東南アジアの各事業拠点を管理する形から，シンガポール拠点をハブにして，東南アジアの事業拠点全体を見渡しながら管理する形へと転換してきたと考えられる。

第5節　小括

　本章では，第1章で論じた事業拠点の立地選択の論理を踏まえながら，産業活動連鎖の視点を導入することを通じて，立地単位の設定や事業拠点の立地適応，経営資源（特に，知識を有する人）の地理的循環を含めた広義での企業の立地行動について論じた。また，現代の経営学研究（知識創造やアーキテクチャなどの研究）を参考しながら，イノベーションや企業間ネットワークの問題についても論じた。産業立地論の新たな展開のためには，企業の立地行動アプローチにおける企業経営的な側面を掘り下げて検討していく必要があるが，本章においては，産業活動連鎖と企業の立地行動についてのケース・スタディーを通じて，こうした側面での展開を試みた。

　広義での企業の立地行動については表2－3のようにまとめられるが，事業拠点の立地選択を考える上でも，立地単位の設定，事業拠点の立地適応，経営資源の地理的循環の決定といった立地行動における他の側面も視野に入れることが重要である。

　なお，前述したように，産業活動の地理的配置は，産業活動連鎖が企業の立地行動を通じて地理的（空間的）に投影したものであり，事業拠点の立地選択の積み重ねによる産業活動の立地状況（集中的配置や分散的配置など）を表している。また，矢田の「地域構造論」が論じるように，産業活動の地理的配置には，事業拠点間での経営資源の地理的循環の状況も含まれる。経営資源の地理的循

表2-3 広義での企業の立地行動

立地行動のタイプ	内容
事業拠点の立地選択 （狭義での企業の立地行動）	事業拠点をどの場所に立地するのかを決めること 既存の事業拠点の移転（立地変動）も含む
立地単位の設定	自社内で行う生産活動を各事業拠点にどのように割り当てるのかを決めること
事業拠点の立地適応	経済社会の立地環境に対応して，事業拠点の活動内容を変更すること
経営資源の地理的循環の決定	事業拠点（関連企業の事業拠点も含む）間における経営資源の地理的循環を決めること

出所）筆者作成。

環の積み重ねにより，経済循環の「地域的なまとまり」である経済圏や，経済循環の結節点である経済中心地（都市）が編成されることになる。この点については，経済社会の立地環境アプローチ（第Ⅱ部）において論じることにする。

　注
1)　川端基夫は，「立地選択は基本的に場所の移動を伴うが，立地適応は現状地のままで，その場所のチカラをより活用できるように自身（業態や機能）を変えていくことである」（川端，2008，40頁）と述べている。また，川端は，場所のチカラを創造するような立地選択や立地適応を「立地創造」と呼んでいる。
2)　ディッケンの生産連鎖の研究については，鈴木・佐藤・藤井・張（2003）を参照のこと。また，佐藤（2005）は，日本の繊維・アパレル産業を事例としての生産連鎖を具体的に考察している。
3)　柳井編（2004）も，本書と同様に，矢田の産業配置概念に企業の立地行動を組み込むことを意図しており，立地単位間の空間的フローの性質と形状を示す「立地連鎖」の概念を提起している。ただし，立地連鎖が企業の立地行動の「結果」

を把握しようとするのに対して，本書の産業活動連鎖については，基本的に，企業の立地行動の「背景」として取り扱っている。

4)　藤本（2004）は，すり合わせ型のアーキテクチャの典型例として日本の自動車産業を取り上げている。また，日本企業の多くは，現場の統合力といった組織能力を有しており，すり合わせ型の産業において日本の比較優位があると論じている（藤本，2004，182〜184頁）。

5)　サプライヤー・システムについての代表的な研究としては，浅沼（1997）がある。藤本・西口・伊藤編（1998）は，サプライヤー・システムに関する主要な経営研究を網羅している。産業立地論の観点からのサプライヤー・システムの研究には，水野（1997）などがある。

6)　A社へのヒアリング調査は，2007年7月に，A社の本社で実施した。

7)　B社へのヒアリング調査は，2007年8月に，B社の本社で実施した。

8)　C社へのヒアリング調査は，1995年9月から1998年9月にかけて，C社の海外（アジア，中国）事業部，テレビ事業部，マレーシア製造子会社（テレビ製造子会社，ブラウン管部品製造子会社）などで実施した。なお，C社へのヒアリング調査結果については，すでに鈴木（1999）で論じている。

9)　日系コンビニエンスストアの中国現地法人での筆者のヒアリング調査（2003年12月）によれば，日本では自社の物流拠点からエリア内の各コンビニ店舗に配送するが，物流拠点の設置に最低限必要なコンビニ店舗数（約500店舗）に達しないこともあり，中国では独自の物流拠点は構築せず，他社（日系企業）に物流をアウトソーシングしている。また現地でのコンビニ店舗は，日本とは異なり，安全性のためガードマンの存在するビルの2階に配置することもある。これも広い意味での立地適応の事例であると考えられる。

第Ⅱ部

産業立地の基本的論理(2)
―経済社会の立地環境アプローチ―

第3章　経済社会の立地環境について

第1節　はじめに

　第Ⅰ部では企業の立地行動を軸に論じてきたが，第Ⅱ部では，もう一つの産業立地論における基本概念である経済社会の立地環境の観点から，産業立地に関する基本的な論理を整理・検討する。

　立地環境とは，立地場所の経済的および非経済的な環境条件のことであるが，産業立地論では，通常，立地条件と呼ばれており，労働費用要因の背景としての「労賃の地域的な相違」というように，立地要因を検討する中で立地条件が取り上げられることが多い。本書では，立地主体である企業の立場に対比し，立地場所である経済社会の立場を強調することを意図して，立地条件の代わりに立地環境という用語を使用する。すなわち，経済社会の立地環境アプローチは，立地場所である経済社会（国や地域）の立場からの研究アプローチであり，産業立地に関する経済的・社会的な問題を考察する。

　成長力の高い産業活動が持続的に立地する場所は経済発展が容易であるのに対して，成長力のある産業活動が立地しない場所は経済的な停滞に悩むことになる。産業活動があらゆる場所に均等に分布するのなら，こうした地域的な経済格差の問題は生じないし，産業立地に注意を払う必要もないであろう。だが，現実には産業活動は地理的に不均等に行われる傾向があり，経済の東京一極集中に代表されるような地域間の経済格差問題を引き起こしてきた。また，世界的にみれば，成長性の高い産業活動の立地が不十分であり，経済的に貧困であるような諸国・諸地域が多数存在する。つまり，地域的な経済格差は，国内以

上に，世界的なレベルで大きな問題になっている（鈴木，1999）。

　本章では，経済社会の立地環境の考え方について整理・検討しながら，成長力のある産業活動が持続的に立地するような経済社会の立地環境上の特徴を論じる。経済社会の立地環境の考え方については，現代的な産業立地研究の1つであるポーターの「国や地域の競争優位性についての研究」が参考になる。また，矢田俊文の「地域構造論」における地域概念（産業地帯や経済圏の編成）も，経済社会の立地環境を検討する上で有用である。

　以下では，国や地域の競争優位性および地域概念を検討することを通じて，経済社会の立地環境の特性を明確にしたい。また，立地環境上の優位性としての産業集積について掘り下げて検討してみる。

第2節　国や地域の競争優位性についての研究

　ポーターによる国や地域の競争優位性についての研究には，国のビジネス環境上の要因を論じた「国の競争優位モデル」と，クラスター（産業集積）の重要性を論じた「クラスター論」がある。

1. 国の競争優位モデル

　ポーターの国の競争優位モデル[2]は，国際競争力のある産業活動が発展するための国のビジネス環境上の4つの要因（「要素条件」，「需要条件」，「企業の戦略，構造およびライバル間競争」，「関連・支援産業」）を示している（図3-1を参照）。つまり，国の競争優位性は，ある特定の産業で競争するのに必要な熟練労働力やインフラストラクチャーといった生産要素における国の状況（要素条件）や，製品またはサービスに対する国内市場における需要の性質（需要条件），企業の設立・組織・管理方法を支配する国内条件および国内のライバル間競争の性質（企業の戦略，構造およびライバル間競争），国際競争力を持つ供給産業や関連産業が国内にどの程度存在するか（関連・支援産業）などにより決まってくる。

こうした国のビジネス環境上の要因は，個々にまたシステムとして，その国に立地する企業が国際的に競争する環境を創造するが，それぞれの要因は相互に強化し合いながら，国の競争優位のグレードアップという動態的な過程を生み出すのである。

図3−1　ポーターの国の競争優位モデル

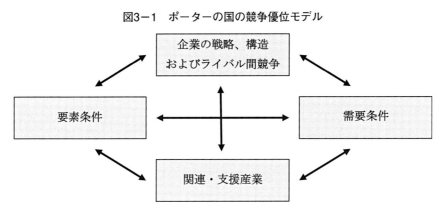

出所）Porter（1990）邦訳書（上）106頁より引用。

　ポーターによれば，国の競争的発展には「要素による推進」，「投資による推進」,「イノベーションによる推進」,「富による推進」といった4つの段階がある。最初の3つの段階は国の競争優位が継起的にグレードアップしていく段階であるが，第4の段階では停滞し，究極的には衰退に向かうものである。

　表3−1にみられるように，要素による推進の段階は，天然資源や豊富で安価な半熟連労働力といった基礎的な生産要素から競争優位性を引き出す段階であり，投資による推進の段階は，国の競争優位が積極的に投資しようとする国や企業の意欲と能力にもとづく段階である。イノベーションによる推進の段階は，国の競争優位の要因のすべてが機能し，その相互作用も最高潮に達している段階である。国の競争優位をグレードアップさせる動態的な過程が持続されるならば，国の競争的発展はこうした3つの段階を通過することになる。だが，国の経済の推進力がすでに達成された富に依存するような段階（富による推進の

段階）に入ると，その国の企業は国際的な産業で競争力を失い始めることになる。

　以上のような国の競争優位モデルからわかるように，国際競争力のある産業活動が発展するためには，立地場所である国のビジネス環境（すなわち立地環境）が継起的にグレードアップしていくことが重要であり，特にイノベーションによる推進の段階のような立地環境が望ましい。また，富による推進の段階のような立地環境に陥らないことが望ましい。なお，イノベーションによる推進の段階における特徴の1つは，関連・支援産業がよく発達していることであるが，こうした関連・支援産業は地理的に集積していること（後述する「クラスター」の状況）が多い。

表3-1　国の競争優位のグレードアップ

国の競争優位を生み出す4つの要因	国の競争的発展の段階 ———→			
	要素による推進	投資による推進	イノベーションによる推進	富による推進
要素条件	・基礎的な要素が優位性の重要な源泉	・基礎的要素が優位性を保持している ・もっと進んだ要素が創造される	・高度で専門的な要素が創造される ・選択的競争劣位が競争優位を促進する	・過去の累積的投資が優位性として存続
需要条件		・需要の規模や成長性が優位性となる	・需要の高度化が優位性となる ・需要が多国籍企業を通じて国際化する	・需要の優位性が小さくなる
企業の戦略，構造およびライバル間競争		・個人や企業のモティベーションが高い ・ライバル間競争が激しい	・企業はグローバル戦略を開発する	・モティベーションが低下する ・ライバル間競争が低下する
関連・支援産業			・関連・支援産業がよく発達している	・関連・支援産業の集積が薄くなる

出所）Porter（1990）邦訳書（下）203，206，210，217頁の各図を参考にして筆者作成。

2.　クラスター論

　ポーターは，相互に関連した特定の産業活動（大学などの公的機関も含む）が地理的に集積する状況をクラスターと呼んでいる。前述の国の競争優位モデルにおいても，すでにクラスターの概念を提示していたが，個別地域ではなく国を基本的な分析単位にしていた。その後，ポーターは，競争優位性の研究において国よりも地域に焦点を合わせながら，クラスター（産業集積）の役割を重視した「クラスター論」を提起している。

　以下では，クラスターと地域の競争優位性について考察したPorter（1998）にもとづいて，クラスター論を整理してみる[3]。

　グローバル化が進む現代においても，シリコンバレーに代表されるように，特定の地域に競争力のある特定の産業活動が集積している。輸送・通信手段の発達で，世界のどの場所からでも経営資源の調達が可能になってきているが，競争力における地理的条件の重要性は今なお高い。こうしたグローバル化の中での地理的条件のパラドックスを考えると，クラスターの役割がわかってくる。グローバル化の中での競争優位は，遠隔地でのライバルには真似のできないようなローカルな要因に関わっており，シリコンバレーなどのクラスターが持続的な競争優位を生み出す地理的な基盤になっているのである。

　クラスターが競争に与える影響は，その地域に本拠をおく企業の生産性を向上させるとともに，イノベーションの方向とペースに作用し，将来的な生産性の伸びを支える。また，新規事業の形成を促進し，それがクラスター自体の強さを増大させる。たとえば，よく発達したクラスターには，専門性の高い充実したサプライヤーが集まっており，市場や技術などの情報も蓄積されている。クラスターのメンバー同士の様々な結び付きにより，補完性の効果も現れる。こうしたことにより，生産性が向上されるのである。

3.　国や地域の競争優位性についての研究の問題点

　ポーターが研究のポイントを国の競争優位性から地域の競争優位性へとシフトしてきたのは，国際競争力のある産業活動が発展するための立地環境上の優

位性が，国内の特定の産業集積地において創造されることに注目したためであると推測される。こうしたポーターによる国や地域の競争優位性についての研究は，経済社会の立地環境を考える上で参考になるが，いくつかの問題点も存在する。

　第1に，国や地域の競争優位性の背景にある「産業構造の転換」についての視点が不十分なことである。経済社会（国や地域）の発展に伴って，農業などの第1次産業の割合が低下し，工業などの第2次産業の割合が上昇（工業化）するとともに，サービス業などの第3次産業の割合が上昇（サービス化）する場合が多い。工業化においても，軽工業（繊維など）から素材型重工業（鉄鋼，化学など）へ，さらには組立型・ハイテク型重工業（電機や自動車など）へ，といった構造転換がみられる。産業構造の転換は，経済社会の発展をリードする「リーディング産業」の交代も意味する。ポーターは国の競争優位のグレードアップという動態的な視点を提起しているが，産業構造の転換やリーディング産業の交代については論じていない。

　第2に，地域の競争優位性に関して，国内における地域の「位置」の問題（いいかえれば「距離」の問題）を考慮に入れていないことである。空間には絶対空間（「容器」としての空間）と相対空間（位置や距離としての空間）があるが，ポーターの議論は「容器」としてのみ国や地域をとらえている。だが，国や地域の立地環境上の優位性には，その国の世界における地理的な位置や，その地域の国内における地理的な位置も関係している。特に，地域の立地環境上の優位性を考える上では，絶対空間だけでなく相対空間を視野に入れることが不可欠である。

　第3に，立地環境としての産業集積の性質についての検討が不十分であることである。産業集積（クラスター）は，ポーターが指摘するように，その地域に本拠をおく企業の生産性を向上させるなど，地域の立地環境上の利点・優位性として認識できるが，現実に様々な種類の産業集積が存在しており，すべての産業集積が同様の立地環境上の優位性を有しているわけではない。どのようなタイプの産業集積がどのような立地環境上の優位性をもたらすのかを明らか

にする必要がある。また，そのためにも産業構造の転換や地理的な位置についての視点が欠かせない。

第3節　地域構造論における地域概念

以上のような立地環境上の優位性に関する問題点を検討する上で，以下で論じる地域構造論における地域概念が有用である。

1. 産業地帯と経済圏

矢田俊文の「地域構造論」によれば，一国の地域構造（国土構造）は，「産業地帯」と「経済圏」といった2つの地域概念から複合的に把握することができる[5]。産業地帯は，特定の産業活動が分布する地域的な広がりを表しており，各種の農業地帯や工業地帯などが認識される。一方，経済圏は，物流や人流など様々な経済循環の「地域的なまとまり」であり，経済中心地である都市とその圏域から構成される。経済圏の編成についてはクリスタラーやレッシュ，プレッドなどの都市システムの研究があるが，経済圏は市町村レベル・府県レベル・地域ブロックレベルというように重層的に編成され，それに対応して大小の都市が階層的に存在する。

産業活動の地理的配置は，一国の産業構造が企業の立地行動を通じて地理的（空間的）に投影したものであるが，それは各種の事業拠点の立地とそれを基礎として展開される経営資源（ないし経済要素）の地理的循環という2つの側面を持っている。各種の事業拠点の立地が産業地帯の編成を規定し，また経営資源の地理的循環が経済圏の編成を規定する[6]。産業構造の転換に伴ってリーディング産業が交代していくと，産業地帯の編成が変化していくとともに，経済圏の編成も影響を受けることになる。各地域は，特定の産業地帯に属するとともに，また同時に，特定の経済圏に属しているため，当該地域の立地環境は，産業地帯を形成している産業活動の内容や経済圏を形成している経営資源の地理

的循環の性質によって大きく左右される。

2. 日本の地域構造

　日本の地域構造（国土構造）については，矢田を始め日本の経済地理学者によって多数の研究が行われてきた[7]。こうした研究を整理すると以下のようになる。

　日本の地域構造の特徴としては，太平洋ベルト地帯と呼ばれる工業地帯が太平洋沿岸に広がるとともに，東京・名古屋・大阪を中心とした大都市圏（関東経済圏・東海経済圏・関西経済圏）が形成されてきた。こうした地域構造の中で，1950年代から60年代にかけては就業の場を求めて地方圏から大都市圏への労働力移動も活発に行われた。1970年代には企業の生産拠点の地方圏への展開もあり，地方圏から大都市圏への労働力移動は減少したものの，1980年代以降は再び地方圏からの労働力移動が増加した。この時期はもっぱら関東経済圏への人口流入が多く，関西経済圏ではむしろ人口の流出がみられた。

　日本経済の発展に伴って，軽工業から素材型重工業へ，さらには組立型・ハイテク型重工業へと産業構造の転換が行われてきたが，軽工業や素材型重工業においては関東経済圏よりもむしろ関西経済圏に産業活動が集中していたものの，組立型・ハイテク型重工業では関東経済圏への集中が目立ってきた。また，サービス化の進展の中で，成長著しい情報サービス業については，東京への集中が顕著である。

　太平洋ベルト地帯は，主として軽工業や素材型重工業が分布して形成された産業地帯（工業地帯）であり，関東経済圏・東海経済圏・関西経済圏をまたがって編成されてきたが，組立型・ハイテク型重工業や情報サービス業の分布により形成された産業地帯については，関東経済圏に集中的に編成されてきた。中央政府の組織や企業の本社の東京への集中立地がこの傾向を促進させたと考えられる。日本の地域構造は，太平洋ベルト地帯・大都市圏型から東京一極集中型へと変化してきたのである[8]。

　ただし，近年は，組立型・ハイテク型重工業においても生産の海外シフトが増大しており，東京を含め大都市圏の経済中心地においても産業空洞化の懸念

が強まっている。

3.　中国の地域構造

　次に，近年，多数の日本企業が立地展開している中国の地域構造について概観してみる。

　中国政府の外資導入政策を通じて，日本企業などの外資系企業が中国の沿海部地域に多数立地し，こうした沿海部地域において工業化など産業構造の転換が急速に進展している。だが，外資系企業の中国の内陸部地域への立地は限定的であり，沿海部地域と内陸部地域との経済格差が顕著になってきている。

　中国の地域構造の特徴としては，外資系企業の立地に牽引された工業地帯が沿海部地域に広がっており，それも軽工業から素材型重工業へ，さらには組立型・ハイテク型重工業へと構造転換しながら重層的に編成されてきている。こうした中で，中国の沿海部地域において，北京を中心とした華北経済圏（環渤海経済圏），上海を中心とした華東経済圏（揚子江デルタ経済圏），広州を中心とした華南経済圏（珠江デルタ経済圏）の3大経済圏が編成されている。

　表3－2のデータから確認できるように，日本企業の中国生産拠点は沿海部地域に集中的に立地しており，また，近年は華東経済圏への立地が顕著である。

表3－2　日本企業の中国生産拠点の地域的分布

（製造子会社数，%）

	1994年	2000年	2006年
沿海部地域	564　(92.8)	1164　(95.2)	2231　(94.2)
華北経済圏	210　(34.5)	410　(33.5)	589　(24.9)
華東経済圏	247　(40.6)	547　(44.7)	1225　(51.7)
華南経済圏	107　(17.6)	207　(16.9)	417　(17.6)
内陸部地域	44　(7.2)	59　(4.8)	137　(5.8)
合　　計	608　(100)	1223　(100)	2368　(100)

注）経済産業省（通商産業省）によるアンケート調査結果のため，すべての中国進出企業を網羅してはいない。また，調査年によって企業のカバー率が異なるため，厳密な各年の比較はできない。
出所）経済産業省（通商産業省）編『我が国企業の海外事業活動』各年版より筆者作成。

4. 地域構造と経済社会の立地環境

　以上のように，産業地帯と経済圏の両面から一国の地域構造を複合的に把握することで，個々の地域の国内における位置づけが明確になる。

　以下では，中国の地域構造と日本企業の中国立地を念頭において，経済社会の立地環境上の優位性について検討してみる。

　中国は日本に比べると労働費用が安いといった立地環境上の優位性があり，一方，日本は中国に比べると関連・支援産業が発達しており，また高所得の消費者の割合が高いといった立地環境上の優位性がある。だが，中国を沿海部地域と内陸部地域に分けて考えると，内陸部地域は沿海部地域よりも労働費用が安いものの，交通基盤などのインフラストラクチャーの整備が遅れている。一方で，沿海部地域（特に北京や上海などの大都市圏の中心部）は労働費用が比較的高いが，インフラストラクチャーが十分に整備されており，また所得水準の高い消費者も存在する。

　日本企業など外資系企業が中国の内陸部地域にあまり立地していない大きな理由は，内陸部地域の「位置的な問題」にある。外資系企業の場合は，主要な原材料（部品・部材など）を企業本国から輸入する場合が多く，沿海部地域に生産拠点を設置した方が，原材料の調達物流上，有利である。また，中国で生産された製品は現地販売だけでなく企業本国や第三国の市場で販売する場合もあり，沿海部地域に生産拠点を設置した方が，製品の出荷物流上も有利である。逆にいえば，内陸部地域は沿海部から地理的に離れていることが，海外との物流面で不利になっている（図3−2を参照）。内陸部と沿海部間の交通基盤が十分に整備されていないことが，内陸部地域の物流上の問題点を大きくさせていると考えられる。

　表3−3は，日本企業の中国生産拠点における原材料の調達先と製品の出荷先を示したものであるが，日本企業の中国への立地展開が本格的にスタートした1990年代前半においては，調達先・出荷先ともに日本との結び付きが非常に強いことがわかる。その後，中国現地調達や中国現地販売の割合が高くなってきているものの，日本からの調達（輸入）や日本への出荷（輸出）も少なからずある。

図3−2　日本企業の中国生産拠点の沿海部地域への集中立地

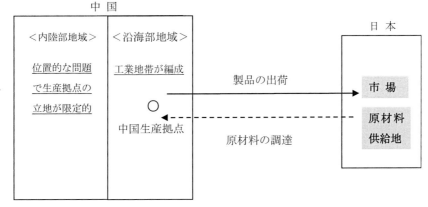

出所）筆者作成。

表3−3　日本企業の中国生産拠点の調達先・出荷先

（1）日本企業の中国生産拠点の原材料の調達先（仕入の金額ベース）

	1994年	2000年	2006年
中国現地調達の割合	29.4%	47.6%	59.3%
日本からの輸入の割合	50.4%	39.7%	31.9%
第三国からの輸入の割合	20.2%	12.7%	8.8%

（2）日本企業の中国生産拠点の製品の出荷先（売上の金額ベース）

	1994年	2000年	2006年
中国現地販売の割合	32.0%	54.8%	56.4%
日本への輸出の割合	40.5%	26.0%	26.0%
第三国への輸出の割合	27.5%	19.3%	17.6%

注）表3−2と同じ。
出所）表3−2と同じ。

　なお，1990年代後半以降において，中国現地調達や中国現地販売が拡大して
も日本企業の内陸部地域への立地が増大しない理由としては，日本企業がター
ゲットとする高所得水準の消費者が沿海部地域（特に大都市部）に集中してい

ることと，日本企業の現地調達先である部品・部材メーカー（主に日系の部品・部材メーカー）が沿海部地域に集中立地していることが考えられる。今後，日本企業が内陸部地域の市場開拓を重視することになれば，内陸部地域への立地も徐々に増えていくと推測される。

　ところで，中国沿海部地域における産業集積形成は，北京を中心とした華北経済圏，上海を中心とした華東経済圏，広州を中心として華南経済圏のそれぞれで進展してきているが，これも各地域が地理的に離れているという「位置」に関係している。第1章で論じたフーヴァーの市場地域モデルが示すように，「製品の輸送上の利点によって独自の市場地域を確保できる」という「距離的な優位性」を上記の各地域がそれぞれ有していると考えられる。ただし，近年，日本企業の中国生産拠点は華東経済圏に集中しつつあり，沿海部地域の中央に位置する華東経済圏が中国現地販売において最も有利であると推測される。

第4節　立地環境上の優位性としての産業集積

1. 産業集積研究の整理

　近年の産業立地研究および関連研究の多くは産業集積に注目しているが，産業集積研究に対する関心が高まってきた理由の1つとしては，中小企業を中心とした産業集積の重要性が再認識されたことが挙げられる[10]。

　中小企業を中心とした産業集積の重要性は，古くはマーシャル（Marshall, 1880）が外部経済の観点から論じており，また，ピオリとセーブル（Piore and Sabel, 1984）は，クラフト的生産技術の観点から中小企業の集積による「柔軟な専門化」の重要性を指摘している。スコット（Scott, 1988）は，取引費用の考え方を工業立地研究に導入し，輸送費用に取引費用を加えたリンケージ費用の観点から，中小企業を中心とした産業集積の形成論理を考察している。

　関満博（関，1996）は，「技術の集積構造」を支える「基盤技術」（各種の加工機能の総体）は中小企業による社会的分業の形になっていると論じるととも

に，工業集積地が創造的なものづくりにとって最低限必要な機能を維持すべきといった「マニュファクチャリング・ミニマム」の考え方を提起している。図3-3は，関の「技術の集積構造モデル」を示しているが，新産業の生成・発展に伴って，大企業が担う特殊技術は大きく変化するものの，中小企業が担う基盤技術は基本的に不変であるといえる（関，1996，57〜59頁）。

図3-3　技術の集積構造

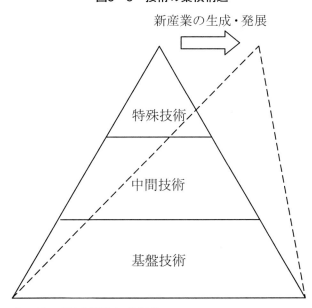

出所）関（1996）57頁，59頁より引用（一部修正）。

　もちろん産業集積には中小企業を中心とした産業集積以外のタイプもある。マークセン（Markusen, 1996）は，企業規模や企業間関係を考慮に入れながら，中小企業が多数集積する「マーシャル型集積」，特定の大企業を中心とした集積である「ハブ・アンド・スポーク型集積」，大企業の分工場群が集積する「サテライト型集積」などに分類している[11]。

　藤川昇悟（藤川，1999）は，マークセンのような産業集積の分類を踏まえな

から，内部経済による「規模の利益」，インフラストラクチャーの整備などに
よる「公共的外部条件の利益」，空間的近接を通じた調整コストの削減などの
「調整の利益」といった集積の利益が，どのタイプの産業集積において獲得で
きるかを論じている。藤川によれば，サテライト型集積では，規模の利益や公
共的外部条件の利益は獲得できるものの，調整の利益は獲得できない。一方，
ハブ・アンド・スポーク型集積では，規模の利益や公共的外部条件の利益に加
えて，調整の利益も獲得できる。また，マーシャル型集積では，規模の利益は
獲得できないが，公共的外部条件の利益や調整の利益が獲得できる。なお，企
業間の取引関係を変更する「リンケージの転換」による調整の利益に関しては，
マーシャル型集積の方がハブ・アンド・スポーク型集積よりも有利である（藤
川，1999，31〜33頁）。

2. 地域構造と産業集積

　ところで，矢田の「地域構造論」では産業集積のタイプについて明確には論
じられていないが，産業地帯と経済圏の観点から産業集積は以下のように把握
できる。

　産業地帯の中でも産業活動の分布密度が特に高いところが，産業集積地とし
て認識される。産業集積は，経済圏の中心部に形成される「都市型産業集積」
と経済圏の周辺部に形成される「非都市型産業集積」に分類できる。また，経
済圏の重層性を反映して，都市型産業集積は，大都市型産業集積や地方中枢都
市型産業集積，地方中小都市型産業集積などに分類できる。都市型産業集積（特
に大都市型産業集積）は経営資源の地理的循環の結節点にあるため，非都市型
産業集積に比べて，知識の相互交流によるイノベーションの推進の可能性が比
較的高いと考えられる。

　東京や大阪など日本の大都市型産業集積では，産業構造の転換を通じて様々
な産業活動が蓄積され，各種部品加工や機械器具製造などに属する多種多様な
中小企業サプライヤーの発達もみられる。だが，産業集積の業種的な多様性が
増大し，「異業種集積」の性格が強まるにつれ，集積の利益を求めて必然的に

集積した「純粋集積」の側面よりも，輸送費用や労働費用を考慮して偶然的に
集積した「偶然集積」の側面が大きくなる[12]。いいかえれば，産業集積としての
規模は大きくなっても，取引関係のある関連企業数は必ずしも増えないといえ
る。第6章で論じるように，同じ業界内においては複数の企業が共通の調達先
を利用するなど系列を越えた取引が行われているものの，生産技術的には同種
の部品・部材でも業界が異なると別々のサプライヤーが存在し，業界を越えた
サプライヤーとの交流はあまり行われていない。

図3−4　大都市型産業集積の高度化について

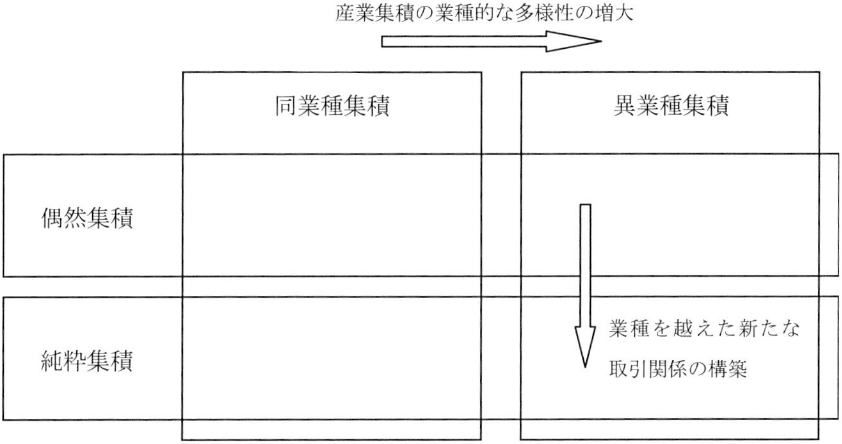

産業集積の業種的な多様性の増大

	同業種集積	異業種集積
偶然集積		
純粋集積		業種を越えた新たな取引関係の構築

出所）筆者作成。

　ただし，産業構造の転換に伴って，軽工業向けの部品・部材を供給していた
サプライヤーが組立型・ハイテク型重工業向けに事業展開するように，業種を
越えた新たな取引関係を積極的に構築することによって，偶然集積を純粋集積
へと切り替えることも可能である（図3−4を参照）。産業集積の業種的な多様性
が，異業種における知識の相互交流を通じたイノベーションの推進に結び付く
ことも考えられる。
　日本の大都市型産業集積においては，従来のリーディング産業に適合した立

地環境が成功体験から硬直化してしまい，新たなリーディング産業の生成を阻害する側面もあると考えられる。これは，ポーターの論じる，富による推進の段階（すでに達成された富に依存するような段階）といえる。こうした段階に陥らないためにも，産業集積内部での知識の相互交流を促進し，新たなリーディング産業の生成・発展を目指す必要がある。

日本の地方圏の産業集積（地方中枢都市型産業集積や地方中小都市型産業集積など）については，それぞれ単独では，大都市型産業集積に比べた競争優位性を必ずしも保持できないため，地域ブロック内における他の産業集積とネットワーク化することで「広域的な産業集積群」として知識の相互交流によるイノベーションの推進を目指す必要があろう。

知識の相互交流のためには対面接触が不可欠であり，そのため事業拠点間の近接性を必要とするものの，知識を有する人（技術者や営業スタッフなど）が移動（出張）することにより，ある程度は広域的なレベルで知識の相互交流が可能となる。こうした人の移動範囲が広域的な産業集積群の地理的範囲を規定するといえる。知識の相互交流が局地的な産業集積内部にとどまらず，広域的な産業集積群レベルで行えるように，域内交通基盤の充実などにより地域ブロック内における人の地理的循環を促進することも重要である。

第5節　グローバル化の中での経済社会の立地環境

企業の海外生産の増大など経済のグローバル化が進展してきており，経済社会の立地環境を考える上でも，経済のグローバル化の側面は無視できない。以下では，地域構造論における地域概念を国際的に応用しながら，グローバル化の中での経済社会の立地環境上の課題について論じてみる。

1．グローバルな地域間競争と産業空洞化

企業の海外生産が増大するにつれて──いいかえれば企業の立地行動がグロー

バル化するにつれて—各国・各地域の立地環境は世界的なレベルで比較検討されることになる。このことは立地環境上の優位性を競う「グローバルな地域間競争」が強まっていくことを意味する。

　日本は，戦後，世界のリーディング産業の主要な立地場所として持続的な経済発展を遂げてきた。だが，日本は1990年代以降，長期的な景気後退に見舞われ，日本企業の海外生産の増大が国内産業（特に製造業）の弱体化につながるのではないかという「産業空洞化」の懸念が強まってきた。

　だが，企業の海外生産の増大が産業空洞化を引き起こすのかどうかは，ある一定の必然的な答えがあるのではなく，国や地域の立地環境の状況（産業集積の発達状況など）や立地環境に対応した企業の海外立地行動によって答えが異なってくると考えられる[13]。たとえば，海外生産が増大するにしても国内生産がより高付加価値なものへと展開していくならば，必ずしも産業空洞化にはつながらない。また，生産の海外シフトを進めてきた企業が海外生産よりも再び国内生産を重視するようになる「生産の国内回帰」という現象もみられる。

2. 産業地帯の国際的編成

　グローバルな地域間競争や産業空洞化の背景を理解するためには，産業地帯と経済圏の国際的な編成状況を把握する必要がある。

　産業地帯の国際的な編成を考える上では，産業の雁行形態的発展の研究（雁行形態論）が参考になる。赤松要の雁行形態論は，もともとは，欧米諸国を追いかけて経済発展した日本の経験から，後発国が先発国の産業を取り入れながら発展する際の産業発展パターンを論じたものである。その後，アジアにおける産業発展パターンを説明するために使われるようになった。この場合は，日本は後発国ではなく，先発国の役回りとなる。

　雁行形態論によれば，一国において「輸入→輸入代替（国内生産）→輸出」といった産業発展プロセスが，低次の産業から高次の産業へと次々に行われるとともに，こうした産業発展が国際的なレベルでは先発国から後発国へと次々に波及することになる。後発国では先発国から波及してきた産業の発展が行わ

れる一方で，先発国ではより高次の産業の発展が行われ，その結果，先発国と後発国の産業構造が相互に高度化していくことになる（赤松，1956，1965）。

　赤松の雁行形態論を継承した小島清は，日本企業のアジアへの直接投資が日本の比較劣位産業をアジア諸国へ移転し，日本とアジア諸国における産業構造の相互高度化を進めていることを論じた（小島，1973）。小島の研究は，日本型直接投資の理論的考察に力点があるものの，雁行形態論の観点からアジアにおける産業発展の問題を検討した先駆的な研究の1つである。また，渡辺利夫は，自由な貿易システムを重視する開発経済学の立場から，アジアにおける産業発展の実態分析を行い，日本を韓国などのアジアNICs（新興工業諸国，現在はNIEsと呼ばれる）が追いかけ，さらにASEAN（東南アジア諸国連合）諸国が追いかけるといった産業の雁行形態的発展パターンをいち早く実証した（渡辺，1985）。

　筆者自身も雁行形態論の観点からアジア太平洋地域における産業発展と日本企業の海外立地行動との関連について検討を行った（鈴木・矢田，1988）。そこでは，アジア太平洋地域（アメリカ，日本，アジアNICs，ASEAN諸国）における産業構造の相互高度化とともに産業構造の同質化・ぶつかり合いの問題にも言及した（図3-5を参照）。

　産業の雁行形態的発展パターンは，基本的に，先発国と後発国の産業構造の相互高度化を通じた先発国から後発国への産業移転を反映したものであり，見方を変えれば，先発国から後発国にかけて産業地帯が広がっていくことを示している。先発国において次々に新たなリーディング産業が生成することが，産業の雁行形態的発展がスムーズに進行するためには欠かせない。だが，日本がアメリカにキャッチアップしたように，必ずしも雁の群れの飛行は整然としたものではない。かつて市場経済の外側にいた中国がASEAN諸国を追い越す勢いでアジア経済の主要プレーヤーになってきたが，中国とASEAN諸国の間ではほとんどの産業分野で競合している。日本とアジアNICs（NIEs）などの間においても競合する産業分野が広がってきている。

図3-5 アジア太平洋地域における産業発展モデル

(1)

アメリカ	工業A → 工業B
日　　本	工業A
アジアNICs	
ASEAN諸国	

(2)

アメリカ	工業A → 工業B → 工業C
日　　本	工業A → 工業B
アジアNICs	工業A
ASEAN諸国	

(3)

アメリカ	工業A → 工業B → 工業C
日　　本	工業A → 工業B → 工業C
アジアNICs	工業A → 工業B
ASEAN諸国	工業A

注）段階（1）から段階（2）へ，さらに段階（3）へ移行する。段階（1）から段階（2）のように，産業構造の相互高度化が進行する場合は，雁行形態的発展がスムーズに行われる。だが，段階（3）のような産業構造の同質化・ぶつかり合いが生じると，様々な摩擦（この場合は日米摩擦）が生じてくる。
出所）鈴木・矢田（1988）55頁。ただし，注は加筆した。

　産業のライフサイクルが成熟・衰退期に入り，海外生産が増大すると，しだいに国内生産が縮小していくことになるが，雁行形態論のような各国の産業構造の相互高度化を想定するならば，仮に個別産業レベルで成熟・衰退化が進行しても，新たなリーディング産業の登場により，一国全体の産業活動が弱体化するといった産業空洞化の問題は出てこない。だが，各国の産業構造の同質化・ぶつかり合いが行われる状況において，新たなリーディング産業が生成しない場合には，グローバルな地域間競争が激化したり，産業空洞化問題も深刻なものとなると考えられる。

3. 経済圏の国際的編成

　産業地帯の国際的な編成とともに，経済圏（および経済中心地である都市）の国際的な編成がどのようになされるのか把握することも重要な検討課題である。経済圏の国際的な編成を考える上では，世界都市システムに関する研究が参考になる。

　経済中心地である都市は，物や人，金など経営資源（ないし経済要素）の地理的循環の結節点であるが，企業の立地行動のグローバル化は，世界各国の諸都市間の直接的な結び付きを強め，世界レベルでの都市間ネットワーク（世界都市システム）の形成を導くものである。

　多国籍企業の立地と世界都市システムに関しては，ハイマーの先駆的な研究（Hymer, 1972）がある。ハイマーは，「多国籍企業にとって国境線というのは自動的に消滅してしまうインクで書かれた区画にすぎない。少なくとも多国籍企業を分析する単位としては，国家よりも都市の方が意味がある」と論じた上で，「国際的レベルから見ると，多国籍資本の集中化傾向は都市の世界的ヒエラルキー化を意味している。高度な意思決定は，いくつかの主要大都市—たとえば，ほぼ北緯40度から50度の範囲で環を形成しているニューヨーク，東京，ロンドン，フランクフルト，パリなど—に集中するであろう」「世界中に散在するより小さな都市は，特定の地域的問題に関する日常的な事業活動を担当するであろう。これらの都市もまた，ヒエラルキー的形態で配置されるであろう。より大きくより重要な都市ほどその中に企業の地域指令部が置かれ，より小さな都市には，低次の事業活動しか割り当てられないであろう」と結論づけている（Hymer, 1972，邦訳書: 371 〜 372頁）。

　また，フリードマン（Friedmann, 1986）は，都市論の観点からハイマーと同様の考え方を「世界都市仮説」（世界都市論）として提起しており，「世界都市」の類型化も行っている。東アジアでは，東京が中心国家グループの第1次都市に，シンガポールが半周辺国家グループの第1次都市に，香港や台北，ソウル等は半周辺国家グループの第2次都市に位置づけられている（Friedmann, 1986: p.72）。

　なお，ディッケン（Dicken, 1998）は，ハイマーの研究を高く評価する一方で，次のように問題点を指摘している。「ハイマーは，きわめて単純な階層的構造をもつ組織として多国籍企業をみなしていた。これは当時の研究がおかれていた一般的な時代状況を考えると至極当然のことであろう。ハイマーは多国籍企業本社の集積傾向について論じたものの，さまざまなレベルの企業がそれ以外の企業といかに相互作用し合うかについて考察が及ばなかった」「現実の

グローバル経済を成り立たせているものは，多種多様で複雑な形をとった，組織内および組織間のネットワーク―多国籍企業の社内ネットワーク，戦略的提携，下請け関係，その他新しい組織形態が作り出すネットワーク―である」「こうした組織的ネットワークは，地理的ネットワークと交錯する。地理的ネットワークは，相互関連した経済活動の集積（クラスター）を中心としつつ構造化されている」のである（Dicken, 1998, 邦訳書・上306頁）。

　アジアにおける都市システムは，ハイマーやフリードマンが論じるような階層的側面を有するものの，むしろディッケンが論じるような多種多様で複雑な形をとった地理的ネットワークであると認識される。また，産業構造の転換や立地環境のダイナミックな変化を反映して，ネットワークにおける各都市のポジションも一定ではないと考えられる。東京や大阪など日本の大都市が，シンガポール，香港，ソウル，台北，クアラルンプール，バンコク，ジャカルタ，マニラ，上海，北京など他のアジアの大都市に対して，高次の経済中心地機能を維持していくためには，その立地環境の継起的なグレードアップが欠かせないといえる。[14)]

4.　日本の諸都市における産業集積の高度化

　以上，産業地帯と経済圏の国際的な編成の観点から，グローバルな地域間競争や産業空洞化の背景を検討してみた。

　日本は中国など他のアジア諸国に比べて，労働費用が高く，その点では立地環境上，不利であるが，一方で，産業構造の転換・高度化に伴って様々な関連・支援産業が発達している。したがって，日本が産業空洞化問題を克服し，持続的な発展を行うためには，立地環境上の優位性としての産業集積を活用していくことが重要である。だが，各国の産業構造の同質化・ぶつかり合いを引き起こすほど，産業地帯がアジア大に広がってきており，特に，シンガポール，香港，ソウル，台北，クアラルンプール，バンコク，ジャカルタ，マニラ，上海，北京といった大都市部において産業集積の急速な形成・発展がみられる。こうしたアジアの新興の産業集積に対して競争優位性を保持するためにも，前節で

論じたように，日本の諸都市における産業集積の高度化が必要とされているのである。

第6節　小括

　以上，経済社会の立地環境上の性質を理解するために，ポーターの「国や地域の競争優位性の研究」と矢田の「地域構造論」を中心に整理・検討してみた。ポーターが論じているように，国際競争力のある産業活動が持続的に立地するためには立地環境上の優位性をグレードアップしていく必要がある。また，イノベーションを推進するような立地環境上の優位性として，産業集積に注目することが重要である。ただし，ポーターの立地環境上の優位性についての考え方には，産業構造の転換や地理的な位置の視点が不足しており，この点を補うためには矢田の地域概念（産業地帯と経済圏の編成）を活用することが有効であると考えられる。

　ところで，経済社会の立地環境には，労働費用の大きさやインフラストラクチャーの整備状況，所得水準の高い消費者の存在，関連・支援産業の発達状況などの経済的な環境条件だけでなく，文化や生活習慣などの社会的な環境条件，法制度や政治的安定性などの制度的な環境条件，自然的な環境条件なども含まれる。ポーターの国の競争優位の4つの要因は，主として，経済的な環境条件について論じているが，立地環境を国際的に比較する上では，社会的な環境条件や制度的な環境条件なども重要である。たとえば，日本企業の中国への立地選択においては，中国政府の外資導入政策といった制度的な環境条件に大きな影響を受けていると考えられる。また，日本企業にとっては，日本とは異なる中国の社会的な環境条件に合わせて，現地の事業活動内容を変更すること（すなわち立地適応）も必要であると考えられる。

注

1)　西岡久雄は，立地条件と立地要因（立地因子）との関連について検討し，「一
定の立地条件（たとえば市場に近接しているという条件）は一定の立地因子（たと
えば製品輸送費）のみに結びつくわけではない」と論じている。また，「立地主体
または，立地選定者にとっては，立地条件はいわば与件」であり，「立地選定者
はこの与件のもとで，自己の目的を最大限に達成しようとするが，そのさいに
考慮される変数が，立地因子である」と論じている（西岡，1976，45 〜 49頁）。

2)　ポーターの国の競争優位モデルについての論述は，Porter（1990）pp.69-73,
pp.543-560（邦訳書・上103 〜 109頁，下197 〜 220頁）を参照した。

3)　ポーターのクラスター論についての論述は，Porter（1998）pp.77-78, pp.81-83（邦
訳論文29頁，33 〜 35頁）を参照した。

4)　絶対空間と相対空間については，松原編（2002，2頁）を参照した。

5)　矢田の地域構造論についての論述は，矢田編（1990）13 〜 26頁を参照した。また，
矢田（1982）についても参照した。

6)　経済圏の編成については，家計（消費者）の住宅立地とそれを基礎とした人の
地理的循環（通勤，財やサービスの購入行動，コミュニケーション行動）によっても
規定される。そのため，上記のような日常的な生活が営まれる狭い範囲の経済
圏（生活圏）を包み込むように，より広範囲の経済圏が何段階も重層的に編成し
ていると認識される（鈴木，2004a，95 〜 102頁）。

7)　日本の地域構造についての論述は，主として，矢田（1999）178 〜 202頁を参
照した。また，矢田（1991）や山川（1993）も参照した。

8)　日本の地域構造の特徴として，東京一極集中型の傾向が進む一方で，地方中
枢都市の発展も注目される。地方中枢都市は，地方の各地域ブロックにおける
経済中心地であり，北海道での札幌，東北地方での仙台，中国地方での広島，
九州地方での福岡などである。このことは，各地域ブロックの産業活動が地方
中枢都市に集中することを意味する。

9)　中国の地域構造と日本企業の中国立地については，鈴木・桜井・魚・束・佐
藤（2001）および鈴木・李・姜（2005）を参照のこと。なお，中国の地域区分に
関して，華北経済圏には北京市，天津市，遼寧省，河北省，山東省を，華東経
済圏には上海市，江蘇省，浙江省を，華南経済圏には広東省，福建省，海南省，
広西壮族自治区を含めている。

10)　渡辺（1997）や伊丹・松島・橘川編（1998），小田（1999），植田編（2000）など
も中小企業を中心とした産業集積の重要性を独自の視点から論じている。

11）マークセンの共同研究者であるパク（Park, 1996）も同様の産業集積の分類を行っている。

12）偶然集積と純粋集積の分類は，ウェーバー（Weber, 1901）が行っている。

13）産業立地と産業空洞化問題については，すでに鈴木（1999）で論じている。

14）アジアの都市システムについては，生田（1996）や宮町（1998）などの研究がある。鈴木（2005）は，世界都市システムにポーターの国や地域の競争優位性を接合した「都市の競争優位構造」の考え方を提起し，アジアの都市システムにおける中国の大都市（上海，北京）のポジションの急上昇を指摘している。

15）イノベーションを推進するような独特な風土（「ミリュー」と呼ばれる）の研究は，社会的な環境条件の側面から産業集積を考察しているといえる（Camagni ed., 1991）。

第4章　経済社会の立地環境と地域政策

第1節　はじめに

　地域政策は，政府による地域発展のための政策である。中央政府（国）が行うものと地方政府（地方自治体）が行うものがあるが，国が全国的な見地から行う地域政策は国土政策と呼ばれている。産業立地論の観点からいえば，地域政策は，政府が経済社会の立地環境を整備することで，企業の立地行動を誘導し，ある地域の産業集積形成を促進するなど産業活動の地理的配置に影響を与える政策である。地域政策の検討は，産業立地論（特に，経済社会の立地環境アプローチ）にとって重要な研究テーマの1つである。

　本章では，経済社会の立地環境整備の側面から，地域政策について検討する。特に産業集積の形成促進策（クラスター政策）のあり方を検討してみる。また，都市の国際交流施策についても検討してみる。

　以下では，最初に，国土政策の特徴と課題について論じる。[1]

第2節　国土政策の特徴と課題

1. 経済政策と国土政策

　国土政策は，中央政府による経済政策・社会政策の一種である。ここでは経済政策の側面から国土政策をとらえてみる。[2]

　表4－1は，経済政策について4つのタイプに分類している。国全体に影響を

表4−1　中央政府の経済政策の分類

	産業全体に影響 <b1>	特定産業に影響 <b2>
国全体に影響 <a1>	一般の経済政策 <a1・b1>	産業政策 <a1・b2>
特定地域に影響 <a2>	国土政策 <a2・b1>	国土政策（産業立地政策） <a2・b2>

出所）筆者作成。

与えるものなのか（a1），あるいは特定地域に影響を与えるものなのか（a2）。産業全体に影響を与えるものなのか（b1），あるいは特定産業に影響を与えるものなのか（b2）。こうした点を考慮に入れて分類している。

　a1・b1型の経済政策としては，典型的には金融政策がある。利子率の変化はすべての地域と産業に影響するからである。また，消費税や所得税などの税率を変化させるような財政政策も基本的にはa1・b1型の経済政策である。ただし，特定の地域や産業の振興のために税制上の優遇措置がとられることもある。一方，政府支出の増加のような財政政策は，特定の地域や産業の振興を目的としたものや，また，結果的に特定の地域や産業に強く影響を与えるものが少なくない。

　a2・b1型やa2・b2型の経済政策が国土政策であるが，a2・b2型は産業立地政策と呼ぶこともできる。

　どの地域も地域固有の問題を抱えており，地域政策はすべての地域に必要とされる。だが，中央政府の地域政策（国土政策）においては，主として，低い所得水準や高い失業率といった経済問題を抱える地域（問題地域）を重点的に支援する。また，国土政策には，全国的な見地から，インフラストラクチャー（特に交通・通信基盤）を整備するという役割がある。

　これまでの日本の国土政策の多くは，大都市部（開発地域）と地方（低開発地域）との経済格差を念頭において，地方の立地環境を整備することを通じて産業活動の大都市部への過度な集中を是正し，「均衡ある国土構造」を形成すること

を政策目標としてきた。だが，国土政策の実施が地方の産業振興に寄与した面もあるものの，必ずしも効果的な地域開発を行うことはできなかった。また，近年では，産業空洞化問題への対応もあり，大都市部も含めたすべての地域の立地環境整備が必要となっている。

2.　国土政策の論理

　国土政策（特に産業立地政策）の問題点を検討する上で，ウェーバーの立地論を地域開発の問題に応用したデービッド・スミスの研究（Smith, 1971）が役立つ[3]。スミスは，空間費用曲線と空間収入曲線という概念を考案したが，これはある産業活動が各地域に立地した場合の費用と収入の大きさを図示したものである（図4-1を参照）。

　空間費用曲線と空間収入曲線を使って，収入が費用を上回る（利潤がプラスとなる）地理的範囲を明確にすることができる。図の左側に首都地域があり，

図4-1　空間費用曲線と空間収入曲線

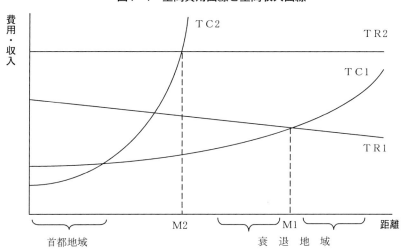

出所）Smith（1971）邦訳書（下）485頁より引用（一部修正）。

右側に2つの衰退地域（問題地域）があると仮定する。また，2種類の産業（産業1，産業2）があり，ＴＣ1，ＴＲ1が産業1の費用，収入を，ＴＣ2，ＴＲ2が産業2の費用，収入をそれぞれ表していると仮定する。産業1の場合は，M1よりも左側の地域で，また産業2の場合は，M2よりも左側の地域で，利潤がプラスになることがわかる。

　衰退地域に産業活動が立地していないのは，十分な利潤が見込まれないからである。だが，政府がインフラストラクチャーを整備したり，補助金を出すなど政策的に支援するならば，費用を低下させたり，あるいは収入を増加させることになり，ある程度は産業立地を誘導できる。ただし，こうした地域開発を効果的に行うためには，誘導すべき業種や誘導すべき地点を的確に選定することが必要となる。費用面や収入面での不利が非常に大きく，政策的な支援によっても利潤の見込めない産業（たとえば産業2）は選定すべきではない。また，衰退地域全体を一度に開発することは不可能であり，特定の場所を優先的に開発する必要があるが，利潤可能性を十分に考慮に入れて最適地を決定しなければならない。図のM1よりも右側の衰退地域は誘導すべき地点としては適当ではないといえる。

第3節　日本の国土政策の変遷

　日本の国土政策の代表的なものに，これまで1962年，1969年，1977年，1987年，1998年と5次にわたって策定されてきた，全国総合開発計画がある。全国総合開発計画は，国土政策のマスタープランであり，その下でより具体的な国土政策（主に産業立地政策）が実施されてきた。[4]

1. 全国総合開発計画と「新産業都市」政策・「工業整備特別地域」政策
　最初の全国総合開発計画（1962年）は，「地域間の均衡ある発展」を基本目標に掲げ，都市の過大化を防止し，地域格差を縮小するためには工業の分散を図ることが必要であり，そのために東京・大阪・名古屋等の既存大集積と関連

させつつ地方に大規模な開発拠点を設定するといった「拠点開発方式」を提起した。また，産業基盤（交通体系）の整備の方針として，大規模な地方開発拠点を育成するために，それと既成大集積とを結ぶ大動脈的幹線路を先行的に整備することを明記している。なお，全国総合開発計画における産業立地の論理は，図4-2のようにまとめられるが，工業の地方への分散に関して，鉄鋼や石油精製といった特定の産業を念頭においていたことがわかる。

図4-2　全国総合開発計画における産業立地の論理

○日本の工業は、既成大工業地帯における集積を中心として、高度経済成長を達成
○だが、これらの工業地帯は、用地、用水、輸送力等の立地的隘路が顕在化し、過度密集の弊害が発生し、投資効率が低下

すでに一部の企業は、既成大工業地帯を避け、次善の地を求めて移りつつある

第1の形：「既成大工業地帯を中心とした外延的な立地」
○企業は消費地、関連産業、下請け企業などの存在に強く惹かれながら、その周辺に新しい立地を求めている

第2の形：「良港あるいは良港建設可能地を中心とした遠心的な立地」
○鉄鋼、石油精製などの企業が用地、用水、港湾などの自然的な立地条件が優れた地点に新しい立地を求めている

上記の第2の形は、工業の遠心的分散に有効であるので、工業地帯として計画的に誘導・育成することが必要
＜拠点開発方式の必要性＞

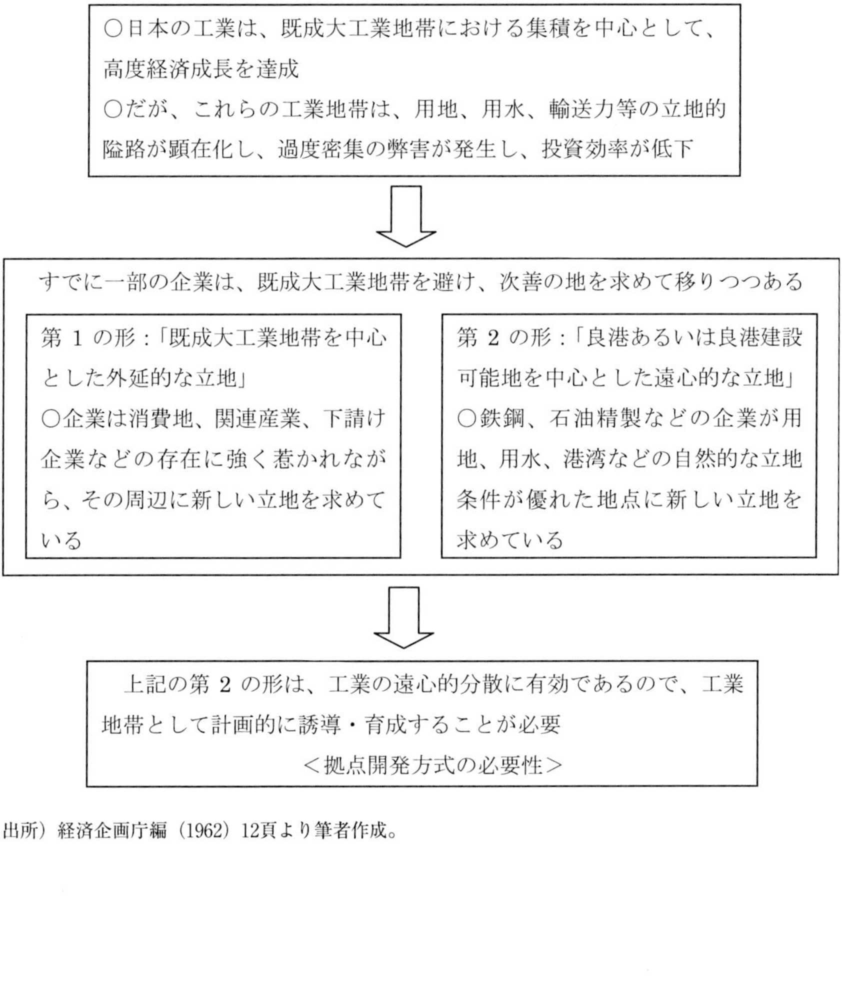

出所）経済企画庁編（1962）12頁より筆者作成。

　全国総合開発計画に対応して「新産業都市建設促進法」が1962年に制定され
たが，それは，大都市における人口・産業の過度集中の防止や地域格差の是正
などを図るために，産業の立地条件および都市施設の整備により，その地方の
開発の中核となるべき「新産業都市」の建設を促進するというものであった。[7]
また，1964年には類似の「工業整備特別地域整備促進法」が出されたが，こう
した法令の下で「新産業都市」政策や「工業整備特別地域」政策といった地方
の産業振興が推進された。

　図4-3は，新産業都市と工業整備特別地域に関する地域指定図であるが，各
地域の誘致合戦の結果，非常に多数の地域が新産業都市や工業整備特別地域に
指定された。「新産業都市」政策や「工業整備特別地域」政策は，その当時のリー
ディング産業であった素材型重工業を地方に立地誘導するような産業立地政策
であったと考えられるが，スミスの指摘するような「誘導すべき業種や誘導す
べき地点を的確に選定」することには必ずしもなっていないと推測される。

2. 第三次全国総合開発計画・第四次全国総合開発計画と「テクノポリス」政策

　その後，第三次全国総合開発計画（1977年）が，大都市への人口と産業の集
中を抑制するとともに地方を振興し，過密過疎問題に対処しながら，全国土の
利用の均等を図りつつ人間居住の総合的環境の形成を図るといった「定住構想」
を提起した。[8]　また，第四次全国総合開発計画（1987年）が，安全でうるおいの
ある国土の上に，特色ある機能を有する多くの極が成立し，特定の地域への人
口や経済機能・行政機能等諸機能の過度の集中がなく，地域間・国際間で相互
に補完，触発しあいながら交流するといった「多極分散型の国土」の形成を提
起した。[9]　なお，第四次全国総合開発計画では，用水，港湾，高速交通等のハー
ドな産業基盤に加え，技術，情報，人材等のソフトな産業基盤を地方圏におい
て重点的に整備すると明記している。[10]

　こうした中で，1983年に，地方の産業振興として，高度技術に立脚した工業
開発を促進することにより，当該特定地域およびその周辺の地域の経済の発展
を図り，もって地域住民の生活の向上と国民経済の均衡ある発展に資すること

図4−3　新産業都市と工業整備特別地域に関する地域指定図

出所）国土庁編（1992）213頁より引用。

を目的とした「高度技術工業集積地域開発促進法」が出された。この「テクノ
ポリス（高度技術工業集積地域）」政策は，「新産業都市」政策や「工業整備特
別地域」政策とは異なり，組立型・ハイテク型重工業をターゲットとした産業

立地政策であったと考えられる。図4-4は，高度技術工業集積地域（テクノポリス）に関する地域指定図であるが，新産業都市や工業整備特別地域よりも一層多数の地域が指定を受けたことがわかる。「テクノポリス」政策では，同様

図4-4　高度技術工業集積地域（テクノポリス）に関する地域指定図

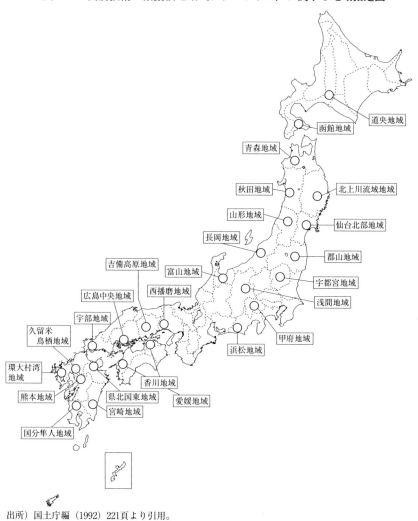

出所）国土庁編（1992）221頁より引用。

のリーディング産業をターゲットとしながら過度な地域指定を行ったことが，その政策的な効果を弱めたと推測される[12]。

3.　第五次全国総合開発計画・国土形成計画と産業クラスター計画

　第五次全国総合開発計画（21世紀の国土のグランドデザイン，1998年）では，「地域の自立の促進と美しい国土の創造」を掲げ，基本的課題の1つとして，「地域の自立を促すため，地方分権の推進等の制度的な条件を整えるとともに，生活に必要なサービスを提供する生活基盤と地域の自助努力による発展を可能とする国土基盤を一定の条件内で整備するなど機会の均等化を進める必要がある」と述べ，「このような条件整備の下で，各地域は創意と工夫によって，地域の特性を生かしつつ，魅力ある地域づくりを進めていくことが期待される」と論じられている[13]。また，全国総合開発計画に代わる新しいマスタープランである「国土形成計画」では，全国計画だけでなく「広域地方計画」といった地域主導での計画づくりも実施される[14]。産業立地政策においても，すべての地域で同様のリーディング産業をターゲットにするのではなく，地域の個性を生かした独自の産業振興が必要とされている。こうした点では，2001年から実施されている「産業クラスター計画」が注目される[15]。

　産業クラスター計画では，経済産業省の各地域ブロック部局のそれぞれが独自に振興すべき産業分野を設定し，産業クラスター（産業集積）の形成促進を行っている。「新産業都市」政策や「工業整備特別地域」政策，「テクノポリス」政策は，地方の産業振興を目的としていたため，東京や大阪など大都市部は対象から除かれていたが，産業クラスター計画においてはすべての地域が対象となる。また，産業クラスター計画では，工業団地の建設などハード面での立地環境整備は基本的に行わず，産学官ネットワークの促進などソフト面での立地環境整備に限定されている（表4-2を参照）。

　関西地域で行われている産業クラスター計画をみてみると，第Ⅰ期（2001年～2005年）では，「バイオ」，「ものづくり」，「情報系」，「エネルギー・環境」の4つの産業分野が設定されていたが，第Ⅱ期（2006年～2010年）には，若干

表4－2　主な産業立地政策の比較

	「新産業都市」政策，「工業整備特別地域」政策	「テクノポリス」政策	産業クラスター計画
産業分野	素材型重工業をターゲット	組立型・ハイテク型重工業をターゲット	地域ブロックごとにターゲットとなる産業を設定
開発方式	指定を受けた地域の産業立地を促進 工業団地の建設などハード面での立地環境整備が中心	指定を受けた地域の産業立地を促進 ハード面だけでなくソフト面での立地環境整備を実施	地域ブロック内の産業集積の形成促進 産学官ネットワークの促進などソフト面での立地環境整備に限定
対象地域	地方のみが対象 多数の地域が指定された	地方のみが対象 多数の地域が指定された	すべての地域が対象（大都市部も含む）

出所）筆者作成。

ながら産業分野が再編された。第1に，融合分野を含んだ新産業の振興を図るため，「ものづくり」，「情報系」，「エネルギー」を統合して「関西フロントランナー　プロジェクト」が設立された。第2に，環境分野に絞って産業振興を強化するため，「環境ビジネスKANSAIプロジェクト」が設立された。なお，「関西バイオクラスター　プロジェクト」は第Ⅰ期から継続している。

第4節　日本的クラスター政策のあり方

　政府（中央政府および地方政府）が地域政策を効果的に行う上で，地域の特性を生かした立地環境整備を行うとともに，グローバルな視点から立地環境整備を行うことも必要である。前章で論じたように，企業の立地行動のグローバル化に伴って，各国・各地域の立地環境が世界的なレベルで比較検討されることになり，立地環境上の優位性を競う「グローバルな地域間競争」が強まってきている。また，こうした中で産業空洞化の懸念もあり，イノベーションを推進するような立地環境上の優位性につながるような国際競争力のある産業集積

（クラスター）の形成促進が必要とされている。

1．日本的クラスター政策とは

　クラスター政策（産業集積の形成促進策）の重要性は，ポーターのクラスター論（Porter, 1998）において強調されており，日本政府による産業クラスター計画もクラスター論を参考にしている。だが，クラスター論では，地域ごとに多様な産業が自然発生的に集積していくことを重視しており，政府の役割はこうした産業集積を側面から支援するのに限定される。したがって，政府が主導してターゲットとなる産業を設定する産業クラスター計画は，クラスター論が想定するようなクラスター政策とは異なっており，「日本的クラスター政策」といえる。

　「新産業都市」政策や「工業整備特別地域」政策，「テクノポリス」政策も，指定を受けた地域に産業集積を形成するものであり，広い意味でのクラスター政策と呼ぶことができる。ただし，こうした政策を通じて地方に形成された産業集積（非都市型産業集積や地方中小都市型産業集積）の多くは，イノベーションを推進するような立地環境上の優位性に結び付いていないと推測される。すでに述べたように，産業クラスター計画が従来の産業立地政策と違う点は，第1に，地域ブロックごとにターゲットとなる産業を設定していること，第2に，地方だけでなく大都市部も対象にしていること，第3に，ソフト面での立地環境整備に限定していること，が挙げられる。

　産業クラスター計画の第1の特徴については，同様のリーディング産業をターゲットとしながら過度な地域指定を行った従来の政策よりも優れた点であると考えられる。だが，関西地域でターゲットとされているバイオ分野や環境分野，その他ハイテク型ものづくり分野は今後のリーディング産業として期待できるものではあるが，関西地域以外の他の地域ブロックでも同様の分野をターゲットにしており，結果的に各地域の重点産業が重複してしまっている。こうしたことから，産業クラスター計画が，地域の個性を生かした独自の産業振興になるのかどうかは，現時点ではまだ判断できないといえる。

　産業クラスター計画の第2・第3の特徴については，産業空洞化問題への対応から大都市部を政策の対象に含めたことや，中央政府の財政赤字・予算上の制約のためにソフト面での立地環境整備に限定したことは理解できるものの，地方に産業集積を形成させるほどの政策的効果は望めないと考えられる。だが，産業クラスター計画を通じた産学官ネットワークの促進は，業種を越えた新たな取引関係を構築する上で役立つため，大都市部の産業集積（大都市型産業集積）の活性化・高度化には効果があると推測される。

　ところで，序章で述べた，大阪湾岸におけるパネル産業集積の形成促進に関しては，大阪府や兵庫県による誘致政策が関係している。シャープの液晶パネル工場（太陽電池工場を併設）の誘致合戦では大阪府（堺市）が誘致に成功したが，誘致に失敗した兵庫県（姫路市）は，その後，パナソニックの液晶パネル工場の誘致に成功した。こうした地方政府（地方自治体）の誘致政策も，特定企業の誘致にとどまらず，部材メーカーを巻き込んだ産業集積の形成促進につながっており，日本的クラスター政策の一形態であると考えられる。その特徴としては，第1に，多額の補助金やインフラ整備などハード面を含めた立地環境整備を強力に推進していること，第2に，府県や市，商工会議所など地元関連機関がタイアップしていること，第3に，ビジネスマッチング商談会などを通じて地元の中小企業の取引拡大も目指していること，が挙げられる。第1の特徴が産業クラスター計画と根本的に異なっている点であろう。

　従来型の地方政府の誘致政策は，大都市部の企業の量産型組立工場を地方に誘致しようとするパターンが多かったが，こうした工場の多くは，しだいに地方を飛び越え，中国などアジア諸国へと移転していった。近年，生産の国内回帰がみられるのは，主として，企業にとって最も重要な基幹工場であり，こうした工場は技術改善のために大都市部にある研究開発拠点に近接した立地を必要とする。鉄鋼・化学など素材型重工業の成熟化に伴って大都市部のベイエリアに遊休地が生じたが，この遊休地を活用して大都市型産業集積を活性化・高度化しようとする誘致政策が，大阪府や兵庫県の誘致政策だといえる。

2. 日本的クラスター政策の類型化と今後の展望

　以上のことから，日本的クラスター政策は，以下の3つのタイプに分類することができよう。第1のタイプは，中央政府主導型で，地方の低開発地域に産業集積を形成しようとするものである。「新産業都市」政策や「工業整備特別地域」政策，「テクノポリス」政策など従来型の産業立地政策がこのタイプである。また，地方に工場を誘致しようとする地方自治体の誘致政策の多くも，このタイプのクラスター政策に付随したものである。

　日本的クラスター政策の第2のタイプは，中央政府主導型で，産学官ネットワークの促進などを通じて既存の産業集積を活性化・高度化しようとするものである。産業クラスター計画がこのタイプである。前述したように，こうしたクラスター政策は，大都市部の産業集積の活性化・高度化に貢献するにしても，地方の産業集積に対しても政策的効果があるのか疑問が残る。

　日本的クラスター政策の第3のタイプは，地方政府主導型で，大都市部の遊休地などに産業集積を形成しようとするものである。これは，結果的に，生産の国内回帰を検討する企業の立地行動に対応した政策になっている。特定の企業の工場誘致であっても，それが関連企業群の集積を促進し，地元の中小企業の取引拡大にも結び付いていけば，政策的効果は大きいと期待できる。だが，このタイプの政策も，地方の産業集積の形成のために実施することは難しいと考えられる。

　今後，中央政府の財政赤字問題により，第1のタイプのようなクラスター政策の実施は見込めない。また，多くの地方政府も財政赤字問題に悩まされており，第3のタイプのようなクラスター政策を実施することも容易ではない。中央政府も地方政府も，基本的には，産学官ネットワークの促進などソフト面での立地環境整備が中心にならざるを得ないだろう。

　ポーター（Porter, 1998）は，クラスター論において，専門化と分散という特徴を持つ産業立地，つまり多くの都市圏のそれぞれが異なったクラスターに特化しているパターンの方が，1つや2つの巨大な都市圏に様々な産業活動が集中するパターンよりも，生産性が高いことを論じている。また，日本の場合は，

中央集権的な制度や政策のもとで，東京や大阪に多数の産業活動が集中しており，非効率的な産業立地が生産性の面でマイナスに作用していると批判している[16]。

　ポーターが指摘するように，中央集権的な制度・政策のもとで様々な産業活動が特定の大都市部に集中するような日本の地域構造が生産性の面で不効率であるならば，根本的な対策としては，地方分権化を大胆に進めていく必要がある。中央政府には，利子率や為替レートなどを適切な水準に管理したり，法・制度をより適切なものに整備するなど，国レベルでの立地環境整備において依然として重要な役割があるものの，クラスター政策など地域レベルでの立地環境整備は，分権的な制度の下で地方政府が主導的に実施することが望ましいと考えられる。

第5節　国際交流の推進と地域政策—都市の国際交流施策—

1. 国際交流の推進と地域政策

　前述したように，グローバルな地域間競争に対応して，国際競争力のある産業集積（クラスター）を形成促進することが，地域政策の目標の1つになってきている。だが，一方で，企業の立地行動のグローバル化に伴って，国境を越えた経営資源（物や人，金など）の流れが活発化しており，各国・各地域間における経済交流も進展してきている。各国・各地域が持続的に発展していくためには「国際的共生」の視点も不可欠であり，国際交流の推進も地域政策にとって重要であると考えられる。

　産業集積の形成促進が注目されるのは，イノベーションを生み出す知識の相互交流が産業集積内部で高密度に行われることが期待されるからである。だが，知識を有する人の地理的循環は特定の産業集積内部にとどまっているわけではなく，人の移動を通じて知識の相互交流は広範囲における産業集積間においても行われる。企業の立地行動のグローバル化を通じて，国境を越えた人の地理

的循環も増加してきている。国際競争力のある産業集積は，産業集積内部での知識の相互交流が活発に行われるだけでなく，国内外の産業集積間における知識の相互交流の結節点としても機能していると考えられる。国際交流の推進は，海外の産業集積とのネットワーク化を容易にし，国際競争力のある産業集積の形成促進にも寄与する可能性がある。

　国際交流推進のための中央政府レベルでの取り組みとしては，欧州におけるEUや北米におけるNAFTAのような地域経済統合が挙げられる。アジアにおいては，AFTA（ASEANの自由貿易地域）等があるものの，まだアジア全域での地域経済統合の形成には至っていない。一方，国際交流推進のための地方政府レベルでの取り組みとしては，「都市の国際交流施策」が挙げられる。都市の国際交流施策とは，主として，国際的な都市間交流（経済交流だけでなく文化・社会交流も含む）を促進するために行う各種施策のことであり，地方政府による地域政策の一種である。

　以下では，大阪市と北九州市を事例にして，都市の国際交流施策について検討してみる。[17]なお，大阪市は，東アジアにおける有数の国際ビジネス都市であり，「国際集客都市」を都市づくりの目標の1つに掲げているため，国際交流施策にも力を入れている。一方，北九州市は，地元の素材型重工業の成熟化・斜陽化を反映して大幅な人口減少に直面し，早くから危機意識を持って都市の産業再生に取り組んでおり，国際交流施策にも独自性がみられる。両市の国際交流施策を比較検討することで，都市の国際交流施策の特徴や課題が明らかになると考えられる。

2.　大阪市の国際交流施策

（1）都市間交流の特徴

　古くから行われている都市の国際交流施策としては，「姉妹・友好都市づくり」があり，世界の諸都市と姉妹都市・友好都市の協定を結びながら，国際交流を進めてきた。大阪市の姉妹・友好都市には，アメリカのサンフランシスコ（1957年提携），ブラジルのサンパウロ（1969年提携），アメリカのシカゴ（1973年提携），

中国の上海（1974年提携），オーストラリアのメルボルン（1978年提携），ロシアのサンクトペテルブルグ（1979年提携），イタリアのミラノ（1981年提携），ドイツのハンブルク（1989年提携）がある。多くの場合，早くも1970年代頃までに姉妹・友好都市の協定を結んでおり，また，北米，欧州，アジア，南米など地理的に多様な都市と提携している。

姉妹・友好都市に基づく都市間交流は文化・社会交流の側面が強いが，大阪市では，都市間での経済交流を促進するために「ビジネスパートナー都市づくり」にも力を入れてきた。大阪市のビジネスパートナー都市には，香港（1988年提携），シンガポール（1989年提携），タイのバンコク（1989年提携），マレーシアのクアラルンプール（1989年提携），フィリピンのマニラ（1989年提携），インドネシアのジャカルタ（1990年提携），韓国のソウル（1992年提携），上海（1995年），ベトナムのホーチミン（1997年提携），インドのムンバイ（1998年提携），メルボルン（1999年提携）がある[18]。ビジネスパートナー都市の場合，1980年代末以降の提携であり，また地理的にはアジアに集中している。

こうしたビジネスパートナー都市に基づく都市間交流は，大阪市（および提携先自治体）がリーダーシップをとっているものの，事業主体は大阪ビジネスパートナー都市交流協議会（会長は大阪商工会議所会頭）であり，また提携先においても各都市の商工会議所が事業主体になっていることが多い。具体的な事業内容としては，中小企業を中心とした経済交流ミッションの相互派遣や商品展示・商談会などを通じた国際ビジネス活動の推進などがある。

ビジネスパートナー都市の交流拠点としては，ＩＢＰＣ大阪ネットワークセンター（アジア太平洋トレードセンター内）がある。また，大阪市は，上海とシンガポールに海外事務所を設けており，こうした都市との経済交流を推進する上で，上海事務所（1996年開設）やシンガポール事務所（1998年開設）が役割を果たしている。なお，大阪の海外事務所は，上海とシンガポール以外にも，シカゴ，デュッセルドルフ，パリにもある。

　(2) 大阪・上海の交流について

　上海市は，大阪市の姉妹・友好都市であるとともにビジネスパートナー都市でもある。日本企業・大阪企業の中国ビジネスがますます重要になるにつれて，大阪市にとっても上海市との経済交流を推進することは重要になるため，大阪・上海の交流は文化・社会交流から経済交流へと重点が移ってきていると考えられる。

　大阪市の上海事務所でのヒアリングによると，大阪と上海との経済交流において，上海事務所はこれまで大阪の企業（主に中小企業）の上海への事業展開をサポートしてきたが，近年，上海企業など中国企業を大阪に誘致することも上海事務所の役割になってきている。これは大阪の産業空洞化対策の意味もある。大阪への進出を検討している中国企業は主に貿易・販売関連の企業であり，こうした企業を誘致してアジア太平洋トレードセンター内に「チャイニーズ・マーケット」を構築することも検討された。

　また，上海事務所によると，中国全体における大阪の知名度は高くないものの，姉妹・友好都市である上海に限ると大阪の知名度は比較的高い。中国最大の経済中心地・上海とのネットワークを早くから形成してきたことは，大阪にとって中国ビジネスに関与する上で有利な点であろう。

3.　北九州市の国際交流施策

(1)　都市間交流の特徴

　北九州市の姉妹・友好都市には，アメリカのノーフォーク（1959年提携）およびタコマ（1959年提携），中国の大連（1979年提携），韓国の仁川（1988年提携）がある。こうした姉妹・友好都市に基づく都市間交流に加えて，北九州市では「東アジア（環黄海）都市会議」といった新しいタイプの都市間交流にも力を入れている。

　東アジア（環黄海）都市会議は，北九州市が1989年に設立した（財）国際東アジア研究センターが提唱した「環黄海経済圏構想」を受けて，北九州市と下関市の主導のもと，両市の姉妹・友好都市である中国の大連と青島，韓国の仁川，釜山を合わせた計6都市により1991年にスタートした。当初は，経済人による「経

済人会議」と学識経験者による「知識人会議」だけであったが，1993年には6都市の市長による「市長会議」も実現し，行政レベルでの都市間ネットワークへと発展した。その後，会員都市と事業内容が拡充されてきたが，経済交流の促進強化にも力を入れており，2004年に「東アジア経済交流推進機構」が設立された。

　北九州市は，重工業都市として公害問題に悩まされた経験から，環境対策・環境技術発展に積極的に取り組んできた。環境・リサイクル産業を育成・集積する「北九州エコタウン」政策はよく知られており，「環境未来都市づくり」が北九州市の都市づくりの目標の1つである。国際的な都市間交流においても，環境技術協力や環境ビジネス交流など環境をキーワードとした交流に力を入れている。後述する「大連環境モデル地区計画」の支援・協力など国際的な環境技術協力は，環境先進都市＝北九州市といった地域ブランドの強化にもつながっていると考えられる。

　(2) 北九州・大連の交流について

　北九州市の海外事務所は，中国の大連事務所（1991年）が唯一であり，北九州市にとって大連市との交流に最も力を入れていることがわかる。北九州・大連の具体的な交流実績としては，市民交流訪中団（1991年〜）や大連環境モデル地区計画への支援・協力（1996年〜），ジャパンエキスポ北九州博覧祭2001への大連市パビリオン出展（2001年）などが挙げられる。大連事務所の事業活動は，経済交流の推進よりもむしろ，市民レベルでの文化・経済交流のサポートが中心であると考えられる。

　大連市も，かつては北九州市と同様に，重工業都市として公害問題に悩み，そのため北九州市が大連市に対して環境技術協力を行っている。こうした環境技術協力は，北九州市の主導により策定された大連環境モデル地区計画に基づいて行われている。

　大連環境モデル地区計画は，大連市の旧市街地（4区）を対象にして，火力発電所の排煙処理など9つのプロジェクトを実施し，2010年までに環境水準を

北九州市レベル（54項目の数値目標）に改善する計画である。実施費用は日本のODA（政府開発援助）が利用されている。

　注目すべきは，以上のような北九州市の大連市への環境技術協力が，両市における環境ビジネス交流にもつながっている点である。具体的には，2001年に北九州市・大連市における環境産業の民間団体（北九州市環境ビジネス推進会と大連市環境保護産業協会）が友好団体を結成し，2002年には北九州市環境ビジネス訪中団（北九州市の環境関連企業が参加）が派遣されている。その後も，北九州市環境ビジネス訪中団が2年ごとに派遣されている。

4.　都市の国際交流施策の課題

　以上，大阪市と北九州市の国際交流施策，特に都市間交流に関する施策についてみてきた。両市ともに従来の姉妹・友好都市に基づく都市間交流だけでなく，新しいタイプの都市間交流を推進しているが，大阪市では早くから「ビジネスパートナー都市づくり」といったアジア諸都市（特に中国・上海）との経済交流推進に重点が置かれている。一方，北九州市では，当初は「東アジア（環黄海）都市会議」といった行政レベルでの都市間ネットワークの形成や「大連環境モデル地区計画」などの国際環境技術協力が目立っていたが，近年では大阪市と同様に経済交流に力を入れている。

　北九州市は，環境・リサイクル産業集積の形成促進に力を入れており，都市間交流・国際環境技術協力を通じて，環境未来都市・北九州としての国際的なイメージアップを図っており，国際交流施策が産業集積形成のためのソフト面での立地環境整備にうまく結び付いていると考えられる。一方，大阪市の場合は，姉妹・友好都市数や海外事業所数など国際交流施策の規模は大きいものの，国際交流施策を通じてどのような都市ブランド価値を構築するのかが明確ではないと考えられる。ただし，中国における最大の経済中心地である上海とのネットワークを構築していることは大阪市の強みである。

　都市の国際交流施策において，姉妹・友好都市を通じた文化・社会交流を経済交流へと展開することは重要であるが，経済交流を意識しすぎて従来型の文

化・社会交流が弱まることがないように注意すべきであろう。なぜなら，文化・社会交流は都市間の信頼関係の構築や都市のイメージアップにつながるものであり，長期的にみれば，文化・社会交流は経済交流を持続的に行うためにも重要であるからである。したがって，経済交流と文化・社会交流を両立することが必要であるといえる。

　都市の国際関連施策は，以上述べてきたような国際交流施策だけでなく，港湾整備や国際観光ＰＲなど様々な施策によって進められている。また，こうした施策は複数の部局（経済局，港湾局，観光局など）によって実施されている。各都市の特性を生かしながら長期的な視点から都市の国際化をどのように推進していくのかといった「都市の国際化戦略」を明確に設定しつつ，各部局の様々な国際関連施策を総合的に実施することも重要であろう。都市の国際化戦略を構想するためには，経済のグローバル化に対応した都市の立地環境整備の視点が不可欠であると考えられる。

第6節　小括

　本章では，経済社会の立地環境整備の観点から，政府の地域政策について考察した。

　政府の地域政策は，「中央政府が主導するものか，あるいは地方政府が主導するものか」，「地方を対象とするものか，あるいは大都市部も含めてすべての地域を対象とするものか」，「特定の産業を対象とするものか，あるいは産業全体を対象とするものか」，「特定の産業を対象とする場合，どのような産業をターゲットとするか」，「ハード面の立地環境整備を中心に行うものか，あるいはソフト面の立地環境整備を中心に行うものか」，「ソフト面の立地環境整備を行う場合，どのような種類の施策を行うのか」等々によって類型化できる。

　地域政策の検討は，経済社会の立地環境アプローチにおける主要な研究領域であり，効果的な立地環境整備を行うためには，地域の立地環境上の特性を把

握することが重要であると考えられる。また，ターゲットとする産業の地理的
配置の特性を理解することも重要であると考えられる。

注

1)　国土政策についての研究書としては，日本の国土政策の歴史的変遷について
　　批判的に検討した山﨑（1998）や，政策形成過程をも視野に入れて国土政策のあ
　　り方を検討した矢田（1999）がある。松永（2004）は両者の研究を踏まえながら，
　　地域問題とインフラ整備の観点から国土政策・地域政策の課題を整理している。

2)　国土政策の特徴と課題については，すでに鈴木（2003a, 138 〜 142頁）で述べ
　　ている。

3)　スミスの研究についての論述は，Smith（1971）邦訳書（上）198 〜 203頁およ
　　び邦訳書（下）484 〜 486頁を参照した。

4)　全国総合開発計画は，国土政策に関するマスタープランであるので，前述の
　　分類でいえば，基本的にはa2・b1型の政策であると考えられる。

5)　経済企画庁編（1962）4 〜 6頁および国土庁編（1992）106頁を参照した。

6)　経済企画庁編（1962）26頁を参照した。

7)　経済企画庁編（1967）8頁および国土庁編（1992）212頁を参照した。

8)　国土庁編（1977）7頁および国土庁編（1992）106頁を参照した。

9)　国土庁編（1987）5頁および国土庁編（1992）106頁を参照した。

10)　国土庁編（1987）72頁を参照した。

11)　国土庁編（1992）220頁を参照した。

12)　テクノポリス政策については，多数の研究が行われているが，ここでは山﨑
　　（1992）および伊東（1998）を参照した。

13)　国土庁編（1998）10頁を参照した。

14)　国土形成計画についての論述は，国土交通省のホームページを参照した。

15)　産業クラスター計画についての論述は，経済産業省・近畿経済産業局の資料
　　を参照した。なお，日本政府による産業集積の形成促進策には，文部科学省が
　　主導する知的クラスター創成事業もある。

16)　Porter（1998）p.86.（邦訳論文40頁）を参照した。おそらく，1970年代頃までは，
　　日本の急速な経済成長と産業構造の転換のために，限られた経営資源を地理的
　　に集中する必要があり，少数の特定の地域への産業活動の集中はむしろ生産性
　　の面で効率的であったと推測される。だが，経済の東京一極集中の問題が論じ

られるようになった1980年代頃から，ポーターが指摘するような非効率的な産業立地の問題が生じてきたと考えられる。

17）大阪市と北九州市の国際交流施策についての論述は，両市資料と以下のヒアリング調査に基づいている。また，北九州市に関する筆者の論述の一部はすでに，北九州市企画政策室企画政策課（2003）で発表している。ヒアリング先：ＩＢＰＣ大阪ネットワークセンター（2003年9月），大阪市上海事務所（2003年12月），北九州市市役所・企画政策室および総務市民局国際交流課（2002年11月），北九州市大連事務所（2002年12月），大連市環境保護局（2002年12月）。

18）2009年にニュージーランドのオークランドともビジネスパートナー都市の提携を行っている。

第Ⅲ部

グローバル化の中での産業集積
―大阪の製造業集積を事例として―

第5章　グローバル化の中での大阪の産業集積

第1節　はじめに

　第Ⅰ部では企業の立地行動を中心にして，第Ⅱ部では経済社会の立地環境を中心にして，産業立地（産業活動の地理的配置）の基本的な論理について整理・検討してきた。第Ⅲ部では，企業の立地行動と経済社会の立地環境の両面から，あらためて経済のグローバル化の中での産業集積という現象について検討してみる。

　ポーターやクルーグマンなど近年の産業立地研究においても，産業集積が特に注目されており，経済地理学だけでなく中小企業論や経営組織論など様々な分野で産業集積研究が進められている。だが，近年の産業集積研究の多くは，企業の立地行動アプローチの側面からいえば，産業集積が行われる場そのものに焦点を合わせすぎて，企業の立地行動を通じて産業集積が編成される論理を十分に把握できていないと考えられる。また，経済社会の立地環境アプローチの側面からいえば，立地環境上の優位性として産業集積をとらえる上で，産業構造の転換の視点や地理的な位置（距離）の視点が不足していると考えられる。

　産業構造を構成する個々の産業活動連鎖が，企業の立地行動（事業拠点の立地選択や事業拠点間における経営資源の地理的循環の決定など）を通じて地理的に投影された結果，産業地帯と経済圏が重層的に編成され，そうした中で様々なタイプの産業集積（たとえば大都市型産業集積，地方中枢都市型産業集積，地方中小都市型産業集積，非都市型産業集積など）が認識されるといえる。

　本章では，大都市型産業集積，特に大阪の製造業集積について取り上げ，経

済のグローバル化の中での産業集積の特徴と課題について掘り下げて検討してみる。以下では，最初に，『工業統計表（産業編）』の都道府県別データを使って，日本における工業の地域構造の動向を概観し，大阪の製造業集積の業種的および企業規模的な特徴を整理する。

第2節　工業の地域構造と大阪の製造業集積

1. 工業の地域構造の概観

　工業の地域構造とは，国の地域構造（国土構造）について，工業（製造業）の地理的配置の側面から把握したものである。ここでは，分析を簡略化するために，工業の地域構造を，各種の工業が日本のどの地域に分布しているのかを表すものとする。

　表5−1に示される2002年の製造事業所数から工業の地域構造をみてみると，製造事業所（生産拠点）の26.9％は関東に立地しており，また，関西に18.8％，東海に18.0％が立地している。この3地域の割合を合計すると63.7％となり，日本の製造業の地理的配置は，関東・東海・関西に集中していることがわかる。都道府県別にみると，大阪が9.2％，愛知が8.3％，東京が7.9％を占めている。東京・愛知・大阪は，それぞれ，関東・東海・関西における最大の製造業集積地であるが，その他に，関東では埼玉や神奈川，東海では静岡，関西では兵庫が主要な製造業集積地となっている。

　また，表5−1の従業者数からみると，東海の割合が19.5％と高くなり，関西の割合は16.5％と低くなる（関東の割合は26.6％とほぼ同じ）。都道府県別では，愛知の割合が9.5％と高くなり，東京や大阪の割合はそれぞれ5.1％，6.7％と低くなる。このことは，製造事業所の従業者規模の違いを反映している。表の(B)／(A)は，一製造事業所当たりの従業者数を示しているが，東海が31.0人であるのに対して，関西は25.1人と従業者規模が小さいことがわかる。関東の一製造事業所当たりの従業者数は28.3人と全国平均（28.6人）とほぼ同じ値である。

表5−1　工業の地域構造の特徴（2002年）

（箇所，人）

	事業所数（A）		従業者数（B）		(B)／(A)
関　　東	78189	（26.9％）	2212963	（26.6％）	28.3
東　京	23051	（ 7.9％）	425625	（ 5.1％）	18.5
神奈川	11656	（ 4.0％）	439712	（ 5.3％）	37.7
埼　玉	16244	（ 5.6％）	434760	（ 5.2％）	26.8
千　葉	7067	（ 2.4％）	227752	（ 2.7％）	32.2
群　馬	7016	（ 2.4％）	217547	（ 2.6％）	31.0
栃　木	6030	（ 2.1％）	203033	（ 2.4％）	33.7
茨　城	7125	（ 2.4％）	264534	（ 3.2％）	37.1
東　　海	52351	（18.0％）	1620593	（19.5％）	31.0
愛　知	24216	（ 8.3％）	792304	（ 9.5％）	32.7
静　岡	13730	（ 4.7％）	437004	（ 5.3％）	31.8
岐　阜	9126	（ 3.1％）	203589	（ 2.4％）	22.3
三　重	5279	（ 1.8％）	187696	（ 2.3％）	35.6
関　　西	54614	（18.8％）	1370798	（16.5％）	25.1
大　阪	26902	（ 9.2％）	561771	（ 6.7％）	20.9
兵　庫	12195	（ 4.2％）	372873	（ 4.5％）	30.6
京　都	6456	（ 2.2％）	160131	（ 1.9％）	24.8
奈　良	2945	（ 1.0％）	72916	（ 0.9％）	24.8
和歌山	2659	（ 0.9％）	55276	（ 0.7％）	20.8
滋　賀	3457	（ 1.2％）	147831	（ 1.8％）	42.8
その他地域	105694	（36.3％）	3119235	（37.5％）	29.5
合　　計	290848	（100％）	8323589	（100％）	28.6

注）従業者4人以上の製造事業所データ。
出所）『工業統計表（産業編）』より筆者作成。

同様に，愛知は32.7人であるのに対して，東京は18.5人，大阪は20.9人と従業者規模が小さいことがわかる。

　表5−2は2007年における同様のデータであるが，表5−1のデータと比べると，全国の製造事業所数は2002年から2007年にかけて3万2616箇所も減少したことが読みとれる。一方で，全国の従業者数については，2002年から2007年にかけて19万4956人増加している。そのため，一製造事業所当たりの従業者数（全国平均）は，4.4人増えて，33.0人と従業者規模が大きくなっている。

表5-2　工業の地域構造の特徴（2007年）

（箇所，人）

	事業所数（A）		従業者数（B）		（B）／（A）
関　　東	69506	（26.9%）	2202369	（25.9%）	31.7
東　京	18681	（ 7.2%）	371206	（ 4.4%）	19.9
神奈川	10823	（ 4.2%）	435767	（ 5.1%）	40.3
埼　玉	15135	（ 5.9%）	440359	（ 5.2%）	29.1
千　葉	6546	（ 2.5%）	231957	（ 2.7%）	35.4
群　馬	6278	（ 2.4%）	214374	（ 2.5%）	34.1
栃　木	5418	（ 2.1%）	218656	（ 2.6%）	40.4
茨　城	6625	（ 2.6%）	290050	（ 3.4%）	43.8
東　　海	46301	（17.9%）	1762879	（20.7%）	38.1
愛　知	21768	（ 8.4%）	876351	（10.3%）	40.3
静　岡	12427	（ 4.8%）	457695	（ 5.4%）	36.8
岐　阜	7508	（ 2.9%）	216652	（ 2.5%）	28.9
三　重	4598	（ 1.8%）	212181	（ 2.5%）	46.1
関　　西	48158	（18.6%）	1362734	（16.0%）	28.3
大　阪	23553	（ 9.1%）	532460	（ 6.3%）	22.6
兵　庫	10871	（ 4.2%）	383164	（ 4.5%）	35.2
京　都	5747	（ 2.2%）	161222	（ 1.9%）	28.1
奈　良	2583	（ 1.0%）	71299	（ 0.8%）	27.6
和歌山	2145	（ 0.8%）	52367	（ 0.6%）	24.4
滋　賀	3259	（ 1.3%）	162222	（ 1.9%）	49.8
その他地域	94267	（36.5%）	3190563	（37.5%）	33.8
合　　計	258232	（100%）	8518545	（100%）	33.0

注）表5-1と同じ。
出所）表5-1と同じ。

　2002年から2007年にかけて関東・東海・関西の製造事業所数は，それぞれ8683箇所，6050箇所，6456箇所減少しているが，2007年での全国に占める各地域の割合は，それぞれ26.9%，17.9%，18.6%（3地域合計で63.4%）と2002年時点とほぼ変化がない。つまり関東・東海・関西での減少率は全国平均的なものである。ただし，東京と大阪は，製造事業所数の大幅な減少のため，全国に占める割合を低下させている。すなわち，東京が0.7%低下して7.2%に，大阪が0.1%低下して9.1%になっている。一方，愛知の製造事業所数の減少は比較的

小さく，全国に占める割合を0.1％高めて8.4％となっている。

　従業者数については，2002年から2007年にかけて東海では14万2286人も増加
しているのに対して，関東や関西ではそれぞれ1万594人，8064人減少している。
そのため，2007年の従業者数でみた東海の割合は20.7％と上昇し，関東や関西
の割合はそれぞれ25.9％，16.0％と低下している。同様に，従業者数が増加し
た愛知の割合が10.3％に上昇し，従業者数が減少した東京や大阪の割合がそれ
ぞれ4.4％，6.3％に低下している。

2.　大阪の製造業集積の特徴

　東京や大阪においては一製造事業所当たりの従業者数が少ないが，このこと
は従業者規模の小さな製造事業所（中小製造企業）が東京や大阪に多数存在し
ていることを意味している。だが，東京や大阪の製造事業所数は大幅に減少し
てきており，中小製造企業が多数立地する東京や大阪の製造業集積は縮小傾向
にある。

　以下では，大阪の製造業集積の特徴について，業種別のデータをみながら，
さらに検討してみる。

　表5－3は，2002年における全国と大阪の製造事業所数および従業者数につい
て，主な業種別に示している。[3]

　大阪における主要業種は，製造事業所数でみると，金属製品（19.8％），一般
機械（15.4％），繊維・衣服（10.0％）が上位3業種である。次いで，印刷（8.2％），
プラスチック製品（7.9％），電気・電子機械（6.4％）の製造事業所が多い。また，
従業者数でみると，一般機械（14.4％），金属製品（13.6％），電気・電子機械（11.9％）
が上位3業種である。次いで，食料品（9.2％），化学（7.0％），印刷（7.0％）の
従業者数が多い。

　大阪の各業種の製造業全体に占める割合を全国における同割合で割って「特
化係数」を計算してみると，図5－1のようになる。特化係数の高い業種は，全
国平均以上の集積度があることを意味する。金属製品と一般機械は，大阪の製
造業全体に占める割合が高いとともに，特化係数も高いことがわかる。化学，

表5－3　大阪の製造業集積の業種的特徴（2002年）

（箇所，人）

	製造事業所数		従業者数	
	全　国	大　阪	全　国	大　阪
繊維・衣服	27271（ 9.4%）	2700（10.0%）	460444（ 5.5%）	32909（ 5.9%）
食料品	35739（12.3%）	1276（ 4.7%）	1137521（13.7%）	51797（ 9.2%）
鉄・非鉄	7760（ 2.7%）	1051（ 3.9%）	343510（ 4.1%）	30508（ 5.4%）
化学	5045（ 1.7%）	675（ 2.5%）	353980（ 4.3%）	39519（ 7.0%）
金属製品	36667（12.6%）	5315（19.8%）	667367（ 8.0%）	76202（13.6%）
プラスチック製品	16809（ 5.8%）	2123（ 7.9%）	417945（ 5.0%）	35497（ 6.3%）
印刷	19493（ 6.7%）	2210（ 8.2%）	367037（ 4.4%）	39065（ 7.0%）
一般機械	34424（11.8%）	4135（15.4%）	941689（11.3%）	81131（14.4%）
電気・電子機械	22380（ 7.7%）	1729（ 6.4%）	1326340（15.9%）	66598（11.9%）
輸送用機械	12266（ 4.2%）	679（ 2.5%）	853472（10.3%）	24289（ 4.3%）
合　計	290848（100%）	26902（100%）	8323589（100%）	561771（100%）

注）表5-1と同じ。
出所）表5-1と同じ。

鉄・非鉄，印刷，プラスチック製品も特化係数が高い。繊維・衣服の特化係数もやや高い。電気・電子機械は，大阪の製造業全体に占める割合が比較的高いものの，特化係数は低い。食料品や輸送用機械の特化係数はかなり低い。

　表5－4は，2007年における全国と大阪の製造事業所数および従業者数について，主な業種別に示している。大阪における主要業種は，製造事業所数でみると，金属製品（20.6%），一般機械（16.8%）が上位2業種であり，2002年よりも製造業全体に占める割合が大きくなっている。次いで，プラスチック製品（8.1%），印刷（7.9%），繊維・衣服（7.5%），電気・電子機械（6.6%）の割合が大きい。繊維・衣服は2002年から2007年にかけて大幅に割合が低下した。また，従業者数でみると，2002年と同様に，一般機械（16.3%），金属製品（14.3%），電気・電子機械（10.9%）が上位3業種である。ただし，一般機械と金属製品が割合を増加させている一方で，電気・電子機械は割合を低下させている。

　表5－4のデータから，2007年における特化係数を計算してみると，図5－2のようになる。基本的な特徴は，2002年と同様に，金属製品，一般機械，化学，鉄・

図5－1　大阪の製造業集積の特化係数（2002年）

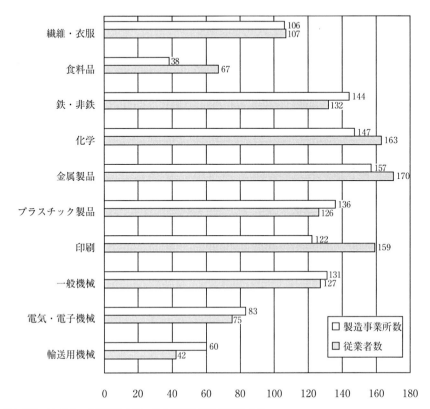

注）表5-1と同じ。全国平均水準の場合は特化係数が100となる。
出所）表5-1と同じ。

非鉄，印刷，プラスチック製品の特化係数が高く，一方で，食料品，電気・電子機械，輸送用機械の特化係数は低い。なお，2002年に比べて2007年の特化係数では，金属製品の値が大きくなっていることや，電気・電子機械の値が小さくなっている等の変化もみられる。

　以上のことから，大阪の製造業集積の主な特徴をまとめてみると，以下のようになる。

① 大阪の製造業集積における基幹産業は，製造業全体に占める割合や特化係

表5－4　大阪の製造業集積の業種的特徴（2007年）

(箇所，人)

	製造事業所数		従業者数	
	全　国	大　阪	全　国	大　阪
繊維・衣服	19533（ 7.6%）	1778（ 7.5%）	349599（ 4.1%）	23921（ 4.5%）
食料品	32508（12.6%）	1109（ 4.7%）	1135051（13.3%）	49625（ 9.3%）
鉄・非鉄	8202（ 3.2%）	1007（ 4.3%）	383781（ 4.5%）	30955（ 5.8%）
化学	5034（ 1.9%）	626（ 2.7%）	356738（ 4.2%）	35209（ 6.6%）
金属製品	33355（12.9%）	4858（20.6%）	664082（ 7.8%）	76024（14.3%）
プラスチック製品	16021（ 6.2%）	1908（ 8.1%）	471035（ 5.5%）	35588（ 6.7%）
印刷	16320（ 6.3%）	1867（ 7.9%）	334796（ 3.9%）	33470（ 6.3%）
一般機械	33955（13.1%）	3967（16.8%）	1063957（12.5%）	86638（16.3%）
電気・電子機械	24484（ 9.5%）	1560（ 6.6%）	1341504（15.7%）	58210（10.9%）
輸送用機械	12426（ 4.8%）	613（ 2.6%）	1050334（12.3%）	25581（ 4.8%）
合　計	258232（100%）	23553（100%）	8518545（100%）	532460（100%）

注）表5-1と同じ。
出所）表5-1と同じ。

数の大きさから判断して，金属製品と一般機械である。2002年から2007年にかけての動向をみても，大阪の製造業集積における両産業の重要性はますます高まっている。なお，一製造事業所当たりの従業者数（2007年）は，全国の製造業全体で33.0人に対して，大阪の金属製品や一般機械はそれぞれ15.6人，21.8人であり，両産業とも中小製造企業が多いと考えられる。

② 大阪の製造業集積においては，伝統的な産業である軽工業（繊維・衣服）や素材型重工業（鉄・非鉄，化学）も依然として集積している。ただし，2002年から2007年にかけて，繊維・衣服の製造事業所数は大幅に減少してきている。比較のため東京の製造業集積の特徴（2007年の従業者数）をみてみると，東京の繊維・衣服の製造業全体に占める割合は僅か2.2%で，そのため特化係数も54と小さい。また，東京の鉄・非鉄や化学の特化係数もそれぞれ44，79と小さい。

③ 大阪の製造業集積においては，典型的な組立型・ハイテク型重工業である電気・電子機械（電機）の割合も大きいが，特化係数は高くなく，また，2002年から2007年にかけて特化係数の低下がみられる。ただし，近年のパネル産業

図5－2　大阪の製造業集積の特化係数（2007年）

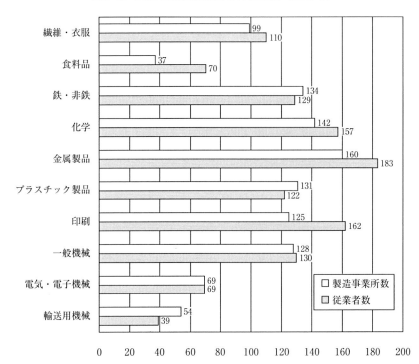

注）表5-1と同じ。全国平均水準の場合は特化係数が100となる。
出所）表5-1と同じ。

の立地増加が電気・電子機械の集積度の向上につながる可能性はある。もう1
つの典型的な組立型・ハイテク型重工業である輸送用機械（自動車など）では，
大阪は製造事業所数も従業者数も少ない。輸送用機械における最大の集積地は
愛知（2007年の従業者数での特化係数は280）であり，このことが製造業集積地
としての愛知の地位を高めている。

第3節　大阪の製造企業のグローバル化の特徴

　以下では,筆者らが大阪府下の製造企業に対して実施したアンケート調査(調査時点は2003年10月) にもとづき, 大阪の製造企業のグローバル化の特徴を検討する。[4]

1. グローバル化の2つの側面―海外生産と海外調達―

　製造企業のグローバル化について, 海外生産と海外調達 (部品・部材の海外調達) といった2つの側面からみてみる。

　表5-5に示されるように,自社の海外生産について,回答企業の3分の1が「海外生産が拡大」と答えており, 大阪の製造企業にとって海外生産がグローバル化の手段となってきている。

　また, 同じく表5-5に示されるように, 自社の海外調達について, 回答企業の半数近くが「海外からの調達が拡大」と答えており, 海外生産以上に海外調達がグローバル化の手段となってきている。

表5-5　海外生産と海外調達

自社の海外生産について		自社の海外調達について	
海外生産が拡大	34社　(33.3%)	海外からの調達が拡大	50社　(48.5%)
海外生産が縮小	4社　(3.9%)	海外からの調達が縮小	3社　(2.9%)
海外生産は行っていない	64社　(62.7%)	海外から調達していない	50社　(48.5%)
合　計 (回答企業のみ)	102社　(100%)	合　計 (回答企業のみ)	103社　(100%)

出所) 大阪市立大学大学院経営学研究科によるアンケート調査 (鈴木, 2004b) より筆者作成。

2. 従業者規模別にみたグローバル化の特徴

　次に, 従業者規模ごとに海外生産および海外調達の状況をみてみる。

　表5-6に示されるように, 従業者規模が大きくなるにつれて「海外生産が拡

大」の割合が増加する傾向がみられる。ただし，従業者規模が100〜299人クラスでも「海外生産が拡大」の割合が4割に達しており，中小企業においても海外生産の進展は無視できない状況といえる。

　また，表5−7に示されるように，海外生産の場合と同様に，従業者規模が大きくなるにつれて「海外からの調達が拡大」の割合が増加する傾向がみられる。従業者規模100〜299人クラスでも「海外からの調達が拡大」の割合が6割に達している。

表5−6　海外生産について（従業者規模別）

	従業者規模		
	100人未満	100〜299人	300人以上
海外生産が拡大	12社　（21.4%）	11社　（40.7%）	11社　（61.1%）
海外生産が縮小	1社　（ 1.8%）	2社　（ 7.4%）	1社　（ 5.6%）
海外生産は行っていない	43社　（76.8%）	14社　（51.9%）	6社　（33.3%）
合　計（回答企業のみ）	56社　（100%）	27社　（100%）	18社　（100%）

出所）表5−5と同じ。

表5−7　海外調達について（従業者規模別）

	従業者規模		
	100人未満	100〜299人	300人以上
海外からの調達が拡大	24社　（37.5%）	14社　（60.9%）	11社　（73.3%）
海外からの調達が縮小	3社　（ 4.7%）	0社　（ 0.0%）	0社　（ 0.0%）
海外から調達していない	37社　（57.8%）	9社　（39.1%）	4社　（26.7%）
合　計（回答企業のみ）	64社　（100%）	23社　（100%）	15社　（100%）

出所）表5−5と同じ。

3.　主要取引先のグローバル化との関連

　主要取引先（販売先・納入先）のグローバル化との関連をみてみる。

　表5−8に示されるように，7割以上の企業が，主要取引先の海外生産の拡大に直面している。また，表5−9は自社の海外生産についての回答結果（表5−5）と主要取引先の海外生産についての回答結果（表5−8）とをクロスさせて集計

したデータであるが，このデータから，（未回答が多いものの）主要取引先の海外生産の拡大が自社の海外生産の拡大に関連していることが読みとれる。

表5−8　主要取引先の海外生産

主要取引先の海外生産について		
海外生産が拡大	63社	（73.3％）
海外生産が縮小	0社	（ 0.0％）
海外生産は行っていない	23社	（26.7％）
合　計（回答企業のみ）	86社	（100％）

出所）表5−5と同じ。

表5−9　自社の海外生産と主要取引先の海外生産との関連

	自社の海外生産の拡大		自社で海外生産は行っていない	
主要取引先の海外生産について	海外生産が拡大	22社	海外生産が拡大	18社
	海外生産が縮小	0社	海外生産が縮小	0社
	海外生産は行っていない	0社	海外生産は行っていない	20社
	未回答	12社	未回答	26社
	合　計	34社	合　計	64社

出所）表5−5と同じ。

4.　海外生産拠点の所在地について

海外生産拠点の所在地についての特徴をみてみる。

海外生産拠点の所在地について45社から回答を得た（表5−5の回答企業数とは一致していない）。中国に生産拠点を持つ企業が35社あり，中国への進出が顕著である。また，東南アジア諸国（ASEAN）に生産拠点を持つ企業も21社ある（タイに10社，マレーシアに8社，シンガポールに7社など）。一方，欧米に生産拠点を持つ企業は11社（アメリカに8社，イギリスに3社，オランダに2社など）と比較的少ない。

海外生産拠点を持つ企業（45社）を2つのタイプに分けてみる。1つは，アジアだけに生産拠点を立地している企業（Aタイプ：34社）であり，もう1つは，アジアと欧米の両方に生産拠点を立地している企業（Bタイプ：10社）である。

（この他に，欧米だけに生産拠点を立地している企業が1社ある。）表5－10に示されるように，アジアと欧米の両方に生産拠点を立地している企業（Bタイプ）は，従業者規模が比較的大きな企業である。

表5－10　海外生産拠点を持つ企業の従業者規模

	従業者規模			
	100人未満	100～299人	300～999人	1000人以上
Aタイプ （34社＝100%）	13社（38.2%）	18社（52.9%）	2社（5.9%）	1社（2.9%）
Bタイプ （10社＝100%）	0社（0.0%）	1社（10.0%）	5社（50.0%）	4社（40.0%）

出所）表5－5と同じ。

5. 国内での生産活動維持のための方策

　企業の海外生産の拡大に関連して，国内での産業活動（特に製造業）が弱体化してしまう「産業空洞化」の懸念が生じている。「御社の業界では産業空洞化の懸念が強いと思われますか」という質問に対して，従業者規模に関わらず，産業空洞化が進むと回答した企業が比較的多い（表5－11を参照）。

　産業空洞化が深刻化しないためには，国内での生産活動維持が欠かせない。表5－12に示されるように，従業者規模100人未満の企業では，国内での生産活動維持のための方策は「国内の取引先の開拓」や「高付加価値製品の生産」，「新製品の開発」に限定されているが，従業者規模が大きくなるにつれて，より多様な方策が採られている。従業者規模300人以上の企業では，「パート・派遣労働者の活用」の割合が最も大きくなっている。また，「海外調達を活用」の割合も比較的大きい。

6. 地域政策への提言

　以上のアンケート結果から，従業者規模の違いにより企業のグローバル化の状況が異なることが明らかになった。産業空洞化を克服するための地域政策の

表5−11　産業空洞化について（従業者規模別）

	従業者規模		
	100人未満	100 ～ 299人	300人以上
空洞化は進むと思う	41社（42.3％）	17社（38.6％）	5社（21.7％）
どちらかというとそう思う	25社（25.8％）	7社（15.9％）	9社（39.1％）
どちらともいえない	6社（ 6.2％）	3社（ 6.8％）	3社（13.0％）
どちらかというとそう思わない	13社（13.4％）	9社（20.5％）	5社（21.7％）
そう思わない	10社（10.3％）	8社（18.2％）	1社（ 4.3％）
わからない	2社（ 2.0％）	0社（ 0.0％）	0社（ 0.0％）
合　計（回答企業のみ）	97社（100％）	44社（100％）	23社（100％）

出所）表5−5と同じ。

表5−12　国内での生産活動維持のための方策（従業者規模別）

	従業者規模		
	100人未満	100 ～ 299人	300人以上
新製品の開発に力を入れる	48社（49.5％）	30社（66.7％）	16社（69.6％）
高付加価値の製品を重点的に生産する	51社（52.6％）	33社（73.3％）	14社（60.9％）
セル生産方式など新しい生産方式を導入	2社（ 2.1％）	4社（ 8.9％）	7社（30.4％）
パート・派遣労働者の活用	27社（27.8％）	18社（40.0％）	18社（78.3％）
国内の取引先を開拓する	57社（58.8％）	11社（24.4％）	11社（47.8％）
海外の取引先を開拓する	11社（11.3％）	7社（15.6％）	11社（47.8％）
国内の他企業との連携を深める	22社（22.7％）	6社（13.3％）	5社（21.7％）
海外の他企業との連携を深める	2社（ 2.1％）	7社（15.6％）	3社（13.0％）
海外調達を活用する	16社（16.5％）	13社（28.9％）	9社（39.1％）
合　計（回答企業のみ）	97社（100％）	45社（100％）	23社（100％）

出所）表5−5と同じ。

あり方を検討する上で，こうした企業のグローバル化の状況をどのように考慮するべきであろうか。以下では，この点について不十分ながら述べておきたい。

　国内での生産活動維持のための方策は大企業に比べて中小企業では限定されているので，地域政策にとって中小企業の活動を何らかの形でサポートすることが必要となる。ただし，中小企業といっても従業者規模100人未満の企業と従業者規模100 ～ 299人の企業では，それぞれ状況が異なっている。

　大まかにいえば，従業者規模100 ～ 299人クラスでは，企業のグローバル化（海

外生産あるいは海外調達）がかなり進んでおり，企業のグローバル化を着実に行うことが国内での生産活動維持のためにも欠かせないと思われる。したがって，このようなタイプの企業に対しては，企業のグローバル化を支援するような地域政策が重要となる。具体的には，海外企業（特にアジア企業）との取引をこれまで以上にサポートすることが必要であると考えられる。

　一方，従業者規模100人未満クラスでは，企業のグローバル化は限られており，国内地域密着型で生産活動を維持することになろう。このタイプの企業に対しては，企業のグローバル化を支援することよりも，国内地域密着型の事業展開を支援するような地域政策が必要となる。特に，系列や業界の垣根を越えた地域内部の取引をマッチングさせるための仕組みづくりが重要であると考えられる。

第4節　小括

　大阪の製造業集積は，大都市圏の中心部に形成された大都市型産業集積であるとともに，中小製造企業が多数を占める中小製造業集積でもある。大阪の製造業集積は，その基幹産業である金属製品や一般機械の特化係数も高く，依然として日本の地域構造における重要な位置を占めているが，経済のグローバル化が進む中で，製造事業所数や従業者数が大幅に減少してきている。

　大阪の製造業集積の特徴としては，伝統的な産業である軽工業（繊維・衣服）や素材型重工業（鉄・非鉄，化学）が集積する一方で，パネル産業のような新しいタイプのハイテク型重工業の集積も進みつつある点が挙げられる。こうした産業集積における多様性を生かすことが，大阪の製造業集積の発展にとって重要である。

　大阪の製造企業のグローバル化は，海外生産の拡大とともに資材（部品・部材）の海外調達の拡大という形で進行している。海外調達の拡大は域内の中小製造企業に少なからず影響を与えると考えられるが，中小製造企業の立地は大阪の

製造業集積の基盤となっており，海外調達が拡大する中で大阪の域内調達がどのような状況になっているのかを把握する必要がある。この点は，次章で検討する。

　注
1)　産業集積研究については第3章でも論じたが，以下のような研究もある。清成・橋本編（1997），渡辺（1997），伊丹・松島・橘川編（1998），植田編（2000, 2004），山﨑編（2002），鎌倉（2002），加藤（2003），石倉・藤田・前田・金井・山﨑（2003），大澤（2005），松島・坂田・濱本（2005），橘川・連合総合生活開発研究所編（2005），二神・西川編（2005）。
2)　工業の地域構造については，北村・矢田編（1977），矢田（1982），矢田編（1990）を参照した。
3)　業種については，工業統計表の産業中分類にもとづいているが，以下のように若干の「統合」を行っている。繊維・衣服は，繊維工業と衣服その他の繊維製品製造業を合計した。鉄・非鉄は，鉄鋼業と非鉄金属製造業を合計した。電気・電子機械は，電気機械器具製造業と情報通信機械器具製造業，電子部品・デバイス製造業を合計した。なお，他の業種の正式な名称は，食料品は食料品製造業，化学は化学工業，金属製品は金属製品製造業，プラスチック製品はプラスチック製品製造業，印刷は印刷・同関連業，一般機械は一般機械器具製造業，輸送用機械は輸送用機械器具製造業である。
4)　大阪の産業におけるグローバル化の全体的な特徴については，鈴木（2003b）を参照のこと。

第6章　大阪の産業集積と域内取引

第1節　はじめに

　大阪には多数の中小製造企業が地理的に集積しており，こうした産業集積が大阪の経済発展にとって重要な役割を果たしてきたと考えられる。だが，経済の東京一極集中や海外生産の拡大といった厳しい状況の中で，製造事業所数や従業者数の減少など大阪の産業集積は量的には縮小しつつある。ただし，新規の事業分野への進出など事業内容の高付加価値化にチャレンジする中小製造企業も少なからずみられ，質的にはより高度な産業集積へと再編成する可能性がある。[1]

　ポーターのクラスター論（Porter, 1998）など近年の産業集積研究において特に重視されている産業集積上の利点は，域内の企業間ネットワーク（産学官連携も含む）を通じたイノベーションの推進である。大阪の産業集積の問題を考える上でも域内の企業間ネットワークの観点は重要であり，こうしたネットワークを通じたイノベーションの推進が大阪の産業集積を高度化するために不可欠である。ただし，従来の研究では，域内の企業間ネットワークにおける具体的な取引関係を十分に把握できていないと考えられる。

　本章では，大阪の製造企業を事例としながら，資材（部品・部材）の域内取引に焦点を合わせて，域内の企業間ネットワークを具体的に研究する。資材の海外調達が拡大する中で大阪の域内調達がどのような状況になっているのかを把握し，域内取引拡大のための課題や産業集積（主に中小製造業集積）の高度化のための課題を明らかにすることを研究上の目的としている。こうした研究

は，グローバル競争下での大阪（および日本の諸地域）の産業集積の形成促進
策を検討する上でも役立つと考えられる。

図6−1　資材の域内取引についての分析視角

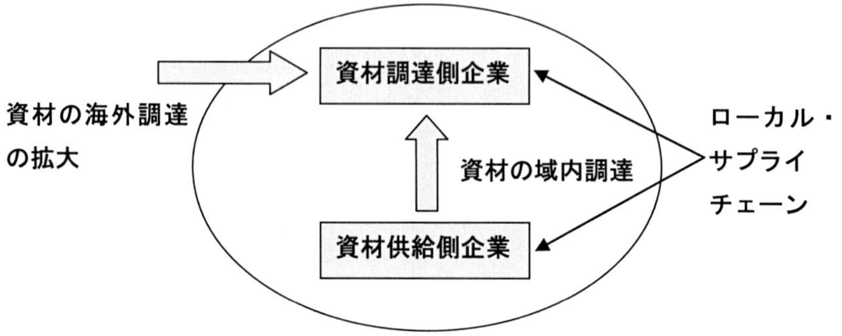

出所）筆者作成。

　資材の域内取引は，図6−1に示されるように，域内の資材供給側企業（サプ
ライヤー）と資材調達側企業との取引関係（ローカル・サプライチェーン）の観
点から把握できる。域内の資材供給側企業の多くは中小規模のサプライヤーで
あり，その集積はモノづくり系の産業集積の基盤となっていると考えられる。
ローカル・サプライチェーンを通じたイノベーションの推進の論理を考察し，
域内取引拡大や産業集積高度化のための課題を明らかにするには，資材供給側
企業への実態調査が不可欠であるが，資材調達側企業への実態調査もユーザー
側のニーズを探るのに役立つため必要である。つまり，資材供給側企業と資材
調達側企業の2つの立場からの域内取引状況を総合的に検討することが重要で
ある。
　以上のような問題意識と検討課題を踏まえて，筆者らは大阪商工会議所と合
同で，2005年から2007年にかけて，資材供給側企業と資材調達側企業を対象に
して取引状況を調査した。[2]調査対象企業は大阪府内に所在する製造企業である
が，中小製造企業の集積の問題に関心があるため，資材供給側企業の場合は調

査対象を中小企業に限定した。ただし，資材調達側企業の場合は，地域の大企業の調達ニーズを知ることが重要であると考え，大企業を含めて調査した。業種的には，金属製品製造業，一般機械器具製造業，電気・電子機械器具製造業，輸送用機械器具製造業，精密機械器具製造業，化学工業，プラスチック製品製造業，ゴム製品製造業を調査対象にした（資材調達側企業では化学工業は対象外）。

　以下では，最初に，大阪府下の資材調達側企業へのアンケート調査（2005年12月，有効回答数は128社）およびヒアリング調査（2005年8月～12月，7社に実施）にもとづき，資材調達側企業（特に大企業）の調達ニーズ・調達方針を論じる。

第2節　資材調達側企業の分析—調達ニーズ・調達方針—

　資材調達側企業向けのアンケート調査結果によると，「大阪府内の企業から調達を増やすために必要な条件」としては，企業規模（従業者規模）に関係なく「価格競争力」，「品質の向上」，「納期の遵守」が上位3つの条件であるが，従業者数300人以上の大企業では，「新材料・新部品・新製品の開発」や「独創的な技術・特殊な技術」，環境に配慮した「グリーン調達への対応」も重視されていることがわかった（図6-2を参照）。

　また，今後の調達方針としては，図6-3に示されるように，「調達先企業とのパートナーシップの強化」を挙げる企業が最も多いが，一方で，「海外調達の拡大」や「調達先企業の集中化」も少なからず今後の方針として挙げられている。特に大企業では，「海外調達の拡大」の割合が大きい。また「グリーン調達」の割合も大企業では大きい。

　資材調達側の大企業へのヒアリング調査から，各社とも生産コスト削減のためアジア（特に中国）からの調達を拡大していることがわかった。現在のところ，現地企業（ローカル企業）からの調達は少なく，日系企業の海外生産拠点からの調達が中心である。現地企業からの調達が少ない理由としては，品質（精度）の面で問題があるためである。現地企業はグリーン調達への対応が遅いとの意

図6−2　大阪府内の企業から調達を増やすために必要な条件

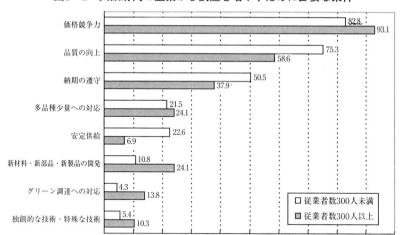

注）有効回答率。優先度の高いものから3項目以内で回答。調査時期は2005年12月。
出所）大阪市立大学大学院経営学研究科・大阪商工会議所企業経営支援委員会（2006）のアンケート
調査結果より筆者作成。

図6−3　資材調達側企業の今後の調達方針

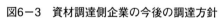

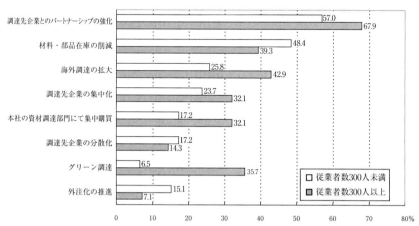

注）有効回答率。優先度の高いものから3項目以内で回答。調査時期は2005年12月。
出所）図6−2と同じ。

見もあった。また，各社とも海外調達（アジア調達）を拡大する一方で，域内の調達先企業(資材供給側企業)とのパートナーシップを強化しようとしている。生産の国内回帰の背景として，現地企業への技術流出の防止を目的とした「技術のブラックボックス化」があるとの指摘もあった。また，物流費や短納期（タイムリーな調達）の観点から「日本で売れるものは日本で生産する」との指摘もあった。

　ヒアリング調査によると，各社とも基本的な調達方針としては，「品質」,「コスト（価格）」,「納期」の3つがある。品質は主として精度のことであり，前述したように，日本国内の調達先企業が海外現地企業に比較して品質（精度）の面で優位性を保持している。調達方針として，調達先企業の材質評価能力や新素材・新部品の提案力などの指摘もあるが,これらは広い意味での品質（技術力）に含めることもできる。

　コスト（価格）面の重視は海外調達を拡大している原因であるが，製品の価格低下が不可避であるために，国内調達においてもコスト削減は必要不可欠になっている。そのため，国内の調達先企業に対してＶＡ・ＶＥ提案を要請するケースもみられる。また，納期の面では，ＪＩＴ（ジャスト・イン・タイム）対応により材料・部品在庫の削減が目指されている。ライフサイクルが早い製品の場合,短納期化も重視される。このほかでは，グリーン調達やクリーン調達(公正な調達）も指摘されており，調達方針にもＣＳＲ（企業の社会的責任）経営が反映されている。グリーン調達・クリーン調達への対応能力も広い意味での品質（技術力）面での優位性となると考えられる。

　ところで，地域の産業集積を論じる場合，どの程度の地理的範囲で産業集積を認識すべきかを考える必要もある。すなわち，産業集積を府県レベルでとらえるのか，より広域的に地域ブロックレベルでとらえるのか。逆に，より局地的に市町村レベルでとらえるのか。もちろん，実際には，東大阪市や大阪市，堺市など局地レベルで個々の産業集積が形成されているが，より広域的な「産業集積群」として把握する方が，域内取引を分析する上で，適切な場合も考えらえる。たとえば,関西におけるエアコンに関する産業集積は,各エアコンメー

カーの生産拠点・研究開発拠点がある大阪府や滋賀県などに個々に形成されているが，エアコン関連の部品・部材の調達は個々の産業集積をまたがって行われている。つまり，関西といった地域ブロックレベルでエアコン産業集積群が発達していると考えられる。資材調達側企業向けのアンケート調査結果からも，主な調達先の立地場所（調達先企業数が多い地域を3つまで回答）としては大阪府（有効回答数の86.5％）に次いで大阪府以外の近畿地方（64.3％）の割合が高く，関西レベルで資材調達が活発になされていることがわかる。大阪の産業集積を考える上でも，同時に，関西レベルでの産業集積群を認識することが適当であると考えられる。

第3節　資材供給側企業の分析—中小製造業集積の特徴—

以下では，大阪府下の資材供給側の中小企業へのアンケート調査（調査概要は表6-1の注を参照）およびヒアリング調査（2007年2〜9月，12社に実施）にもとづいて論じる。

資材供給側の中小企業の集積が大阪のモノづくり系産業集積の基盤になっていると考えられるが，こうした産業集積の特徴として業種・生産品目上の多様性が指摘できる。「どのような産業用の部品・部材を生産しているか」という側面から大阪府内の工場の生産品目をアンケート調査したが，表6-1に示されるように，非常に多様な産業用の部品・部材を生産していることがわかる。ヒアリング調査においても，1つの企業が複数の業界向けに部品・部材を生産・供給しているケースが多く，時代とともに納入先の業界を転換してきた企業も少なからずみられた。ただし，納入先の業界を転換するための経営努力（加工精度を上げるための新設備の導入など）があることも判明した。

産業集積の業種的な特徴を把握する際に，化学工業の集積や金属製品製造業の集積など「企業が所属している産業」から産業集積を捉えるだけでなく，家電産業用部品・部材生産の集積や自動車産業用部品・部材生産の集積など「部

品・部材の納入先の産業」を軸にして産業集積を捉えることもできる。

　図6－4に示されるように，多くの業種において自動車産業用の部品・部材が多数生産されており，大阪において家電を軸とした産業集積形成以上に自動車を軸とした産業集積形成が進展していることがわかる。ただし，自動車を軸とした産業集積形成では，納入先の自動車メーカーが域内に少ないこともあり，その分，自動車用の部品・部材におけるローカル・サプライチェーンは脆弱であると考えられる。

表6－1　大阪府内の工場の生産品目（複数回答，有効回答率）
―どのような産業用の部品・部材を生産しているか―

化学工業 （回答数35社）	化学関連産業用51.4％，医薬関連産業用25.7％，自動車産業用20.0％，建築・住宅関係産業用17.1％，ＩＴ関連産業用11.4％，一般機械産業用11.4％
プラスチック製品 製造業 （回答数36社）	建築・住宅関係産業用33.3％，一般機械産業用30.6％，自動車産業用25.0％，家電産業用25.0％，家電・ＩＴ関連以外の電気機器産業用22.2％，化学関連産業用22.2％，精密機械産業用19.4％，医薬関連産業用16.7％，
ゴム製品製造業 （回答数7社）	自動車・航空機以外の輸送機器産業用57.1％，一般機械産業用57.1％，自動車産業用42.9％，精密機械産業用42.9％，建築・住宅関係産業用28.6％，家電産業用14.3％，ＩＴ関連産業用14.3％，家電・ＩＴ関連以外の電気機器産業用14.3％，医療機器産業用14.3％，医薬関連産業用14.3％
金属製品製造業 （回答数175社）	建築・住宅関係産業用45.1％，一般機械産業用40.0％，自動車産業用36.6％，家電産業用25.1％，精密機械産業用18.9％，自動車・航空機以外の輸送機器産業用16.6％，ＩＴ関連産業用12.0％，家電・ＩＴ関連以外の電気機器産業用12.0％，医療機器産業用10.9％
一般機械器具製造業 （回答数86社）	一般機械産業用73.3％，自動車産業用20.9％，環境関連産業用18.6％，自動車・航空機以外の輸送機器産業用15.1％，精密機械産業用12.8％，家電産業用11.6％
電気機械器具製造業 （回答数35社）	家電・ＩＴ関連以外の電気機器産業用45.7％，一般機械産業用34.3％，家電産業用25.7％，自動車産業用20.0％，ＩＴ関連産業用17.1％，医療機器産業用17.1％，環境関連産業用14.3％，精密機械産業用11.4％，建築・住宅関係産業用11.1％

輸送用機械器具製造業 （回答数17社）	自動車・航空機以外の輸送機器産業用52.9％，自動車産業用47.1％，一般機械産業用17.6％，精密機械産業用11.8％
精密機械器具製造業 （回答数18社）	精密機械産業用50.0％，自動車産業用33.3％，環境関連産業用16.7％，自動車・航空機以外の輸送機器産業用11.1％，家電産業用11.1％，ＩＴ関連産業用11.1％，一般機械産業用11.1％，医療機器産業用11.1％

注）有効回答率が10％以上の生産品目をピックアップした。化学工業，プラスチック製品製造業，ゴム製品製造業については2007年度調査（2007年6月実施），金属製品製造業，一般機械器具製造業，電気機械器具製造業，輸送用機械器具製造業，精密機械器具製造業については2006年度調査（2007年1月実施）の結果にもとづいている（回答企業数が少ない業種は除外した）。
出所）大阪市立大学大学院経営学研究科・大阪商工会議所企業経営支援委員会（2007，2008）によるアンケート調査結果より筆者作成。

図6−4　大阪における自動車を軸とした産業集積形成

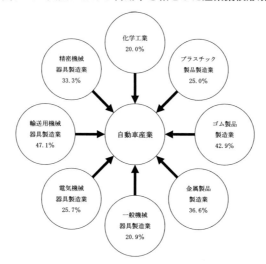

注）大阪府内の工場の生産品目についてのアンケート調査にもとづいている（表6−1と同じ）。各業種において自動車産業用の部品・部材を生産している企業の割合(複数回答,有効回答率)を示している。

　資材供給側の中小企業に対して「現在は取引していないが，将来的に販路拡大や取引を行いたい業種（事業分野）」についてもアンケート調査したが，その結果は，大阪の中小製造企業の新事業展開の方向性とともに大阪の産業集積

の今後の展開を予想する上で参考となる。多くの業種において環境関連産業への展開を検討していることが特に注目されるが，医療機器産業やＩＴ関連産業，バイオテクノロジー産業，ロボット産業など多種多様な産業への展開の可能性が考えられる。（表6-2を参照）。

表6-2　将来的に販路開拓や取引を行いたい事業分野（複数回答，有効回答率）

化学工業 （回答数38社）	医薬関連産業36.8％，環境関連産業21.1％，化学関連産業21.1％，ＩＴ関連産業15.8％，バイオテクノロジー産業15.8％，自動車産業13.2％，家電・ＩＴ関連以外の電気機器産業10.5％
プラスチック製品製造業 （回答数36社）	環境関連産業41.7％，自動車産業19.4％，医療機器産業19.4％，家電産業16.7％，ＩＴ関連産業16.7％，家電・ＩＴ関連以外の電気機器産業16.7％，バイオテクノロジー産業16.7％，建築・住宅関係産業16.7％，医薬関連産業16.7％，ロボット産業11.1％，精密機械産業11.1％，化学関連産業11.1％
ゴム製品製造業 （回答数11社）	一般機械産業45.5％，環境関連産業36.4％，ＩＴ関連産業27.3％，ロボット産業27.3％，家電産業18.2％，建築・住宅関係産業18.2％
金属製品製造業 （回答数144社）	環境関連産業45.1％，医療機器産業25.7％，建築・住宅関係産業25.7％，一般機械産業18.1％，自動車産業13.9％，ロボット産業13.9％，精密機械産業13.9％，自動車・航空機以外の輸送機器産業13.2％，バイオテクノロジー産業11.8％
一般機械器具製造業 （回答数83社）	環境関連産業51.8％，一般機械産業26.5％，自動車産業12.0％，バイオテクノロジー産業12.0％，ＩＴ関連産業10.8％，精密機械産業10.8％
電気機械器具製造業 （回答数35社）	環境関連産業28.6％，家電・ＩＴ関連以外の電気機器産業25.7％，ＩＴ関連産業22.9％，自動車産業20.0％，精密機械産業17.1％，ロボット産業14.3％，医療機器産業14.3％，バイオテクノロジー産業14.3％，一般機械産業11.4％
輸送用機械器具製造業 （回答数14社）	環境関連産業35.7％，自動車・航空機以外の輸送機器産業28.6％，一般機械産業28.6％，自動車産業14.3％，家電・ＩＴ関連以外の電気機器産業14.3％，ロボット産業14.3％，医療機器産業14.3％，建築・住宅関係産業14.3％

精密機械器具製造業 （回答数16社）	環境関連産業43.8％，医療機器産業31.3％，精密機械産業25.0％，バイオテクノロジー産業25.0％，航空機産業18.8％，ロボット産業18.8％，自動車産業12.5％，家電産業12.5％，一般機械産業12.5％

注）表6-1と同じ。
出所）表6-1と同じ。

第4節　理論的インプリケーション

　産業集積上の利点（集積の利益）として最も重要なものは，本書ですでに論じてきたように，域内の関連企業との接触による利益であると考えられる。ニューヨーク大都市圏における工業立地を研究したヴァーノンの研究（Hoover and Vernon, 1959; Vernon, 1960)によれば，より安い労働費用などを求めてニューヨーク大都市圏における中心地域（核心部）から周辺地域へと工業が移転する中で，関連企業との接触が不可欠な「コミュニケーション指向型」の工業については中心地域に持続的に立地することを論じている。また，ポーター（Porter, 1998）はクラスターにおける関連企業（サプライヤーなど）との結び付きを通じて生産性の向上やイノベーションの促進がなされると論じている。だが，こうした従来の研究では関連企業との接触の利益についての具体的な中身を十分に把握できていないと考えられる。

　本章での調査研究を通じて，資材調達側企業（とくに大企業）が海外調達を拡大する一方で域内の調達先企業とのパートナーシップを強化しようとしていることが判明したが，こうした資材調達側企業の調達ニーズ・調達方針（図6-5を参照）から関連企業との接触の利益の中身を読み取ることができる。

　つまり，関連企業（域内調達先）との接触の利益として，たとえば域内調達先にVA・VE提案してもらうことによる生産コスト削減やJIT対応してもらうことによる在庫の削減が考えられる。精度・技術力における信頼性や新材料・新部品・新製品の提案力のある域内調達先との共同開発により高付加価値化

図6−5　資材調達側企業の調達ニーズ・調達方針

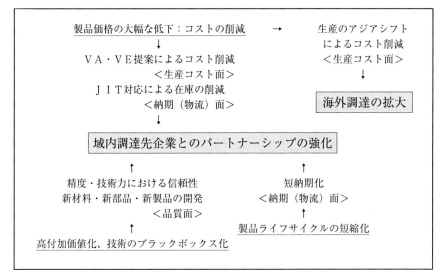

出所）筆者作成。

が推進されることも，関連企業との接触の利益と考えられる。また，こうした
域内調達先との共同開発により技術のブラックボックス化が推進されること
も，関連企業との接触の利益と考えられる。さらには，製品ライフサイクルの
短縮化を背景とした短納期化も，関連企業との接触の利益であると考えられる。

　上記の利益を立地要因の観点から整理すると，第1に，在庫の削減や短納期
化については，広い意味での輸送費用要因に分類できる。つまり，事業拠点間
の近接性が納期（物流）面の利点につながっているといえる。

　第2に，域内調達先のＶＡ・ＶＥ提案による生産コスト削減は，集積要因（集
積の利益）に分類できる。ただし，調達先との頻繁な「すり合わせ」が必要で
ない場合は，知識を有する人の移動（出張）を通じて，域外の調達先との接触
も可能になるため，結局のところ，事業拠点間の近接性は人の移動コストの節
約に寄与しているといえる。[6]

　第3に，域内調達先との共同開発による高付加価値化は，収入増大になり，

集積の利益に分類できる。また，域内調達先との共同開発による技術のブラックボックス化は，知識消散リスクを防ぐこと（長期的にみれば収入確保）になり，これらも集積の利益に分類できる。共同開発の場合は，調達先との頻繁な「すり合わせ」が必要となるため，事業拠点間の近接性が不可欠であるが，これも知識を有する人の移動（出張）に代替される場合もあり得る。

　生産のアジアシフトによる生産コスト削減は不可避であり，資材の海外調達（アジア調達）は今後も拡大していくものと推測される。だが，上述したような域内の調達先との接触の利益が必要不可欠な資材については，域内調達（少なくとも国内調達）が持続的に行われると考えられる。

　ところで，地域の産業集積を高度化するためには，域内の資材供給側企業や資材調達側企業における事業高度化（既存事業の強化や新事業展開などの事業活動の高付加価値化）が必要不可欠であり，資材の域内取引関係（ローカル・サプライチェーン）を活用しながら事業高度化を進めることが重要であると考えられる。こうした事業高度化が広い意味でのイノベーションといえる。

　表6-3に示されるように，資材供給側企業と資材調達側企業の両方ともが既存事業を強化しようとする場合だけでなく，既存事業の強化を目指す資材供給側企業と新事業展開を目指す資材調達側企業との組み合わせなど複数のパターンが考えられる。両者が既存事業の強化を目指す場合は従来のサプライチェーンが利用されるにしても，他の場合は従来とは異なった新しいサプライチェーンの形成を伴う。域内の関連企業との接触の利益についても，従来のサプライチェーンにおいて発生する場合と新しいサプライチェーンを形成する中で発生する場合があると考えられる[7]。

　資材供給側の中小企業へのヒアリング調査から，これまで継起的に新事業展開を進めてきた企業が少なからず存在することがわかった。また，こうした新事業展開においては資材調達側企業との新たなパートナーシップが重要な役割を持っているものと推測できる。ただし，資材調達側の大企業へのヒアリング調査から，同じ業界内においては複数の企業が共通の調達先を利用するなど系列を越えた取引が行われているものの，生産技術的には同種の部品・部材でも

表6−3　資材供給側企業と資材調達側企業の事業高度化

		資材調達側企業	
		既存事業を強化	新事業へ展開
資材供給側企業	既存事業を強化	相互に既存事業を強化	資材調達側企業のみ新事業展開
	新事業へ展開	資材供給側企業のみ新事業展開	相互に新事業へ展開

出所）筆者作成。

業界が異なると別々の調達先企業が存在し，業界を越えた調達先企業との交流はあまり行われていないことがわかった。調達先の情報が業界内に限定されていることや，各業界の企業文化の違いなどにより参入が必ずしも容易ではないことがその理由である。たとえば，自動車産業向けの部品・部材の場合は，安全性の確保のために部品・部材の厳格な品質保証が取引上必要となる。一方，家電産業向けの部品・部材の場合は，製品のライフサイクルが早いため，短納期化が取引上必要となる。したがって，業界を越えた資材供給側企業と資材調達側企業とのマッチングを政策的にサポートすることが重要であると考えられる[8]。

第5節　小括

　以上，資材の域内取引の側面から大阪の産業集積について検討してみた。
　「部品・部材の納入先の産業」を軸にして産業集積をとらえる場合，同業種だけでなく異業種においても相互に関連している企業活動に注目することになる。もちろん異業種集積においては，相互に無関係の偶然集積の部分が大きい

と考えられるが，業界を越えた新たなローカル・サプライチェーンの形成を通じて偶然集積の部分を純粋集積に転換することも可能となる。[9]

　業種や生産品目の多様性といった大阪の産業集積の特徴を生かした域内取引拡大・産業集積高度化のためには，上述のような新たなローカル・サプライチェーンの形成促進が望まれる。大阪の産業集積における業種・生産品目上の多様性は，成長産業だけでなく成熟・衰退産業をも抱えているといったマイナス面も有しているが，多様な新事業展開のためのシーズとニーズが豊富にあるといったプラス面もある。こうしたプラス面をどこまで活用できるかが，大阪の産業集積の高度化を実現する上でポイントとなるだろう。

　また，本書の第2章で論じたように，中小製造企業の場合は，ものづくり情報を有する営業スタッフの地理的循環がイノベーションの推進に大きな役割を担っており，こうした人材の確保・育成も重要であると考えられる。

　注

1)　植田浩史は東大阪産業集積（東大阪市，八尾市，大阪市東成区，生野区，平野区）の実態分析を通じて「縮小」時代の産業集積の課題を検討し，「中小企業が中小企業として事業を展開していく上で，産業集積のメリットを意識的に，自主的に，自立的にどれだけ活用できるのかが重要になっている」と論じている（植田，2004，109 〜 132頁）。

2)　大阪の産業集積と域内取引についての実態調査の結果については，以下の3冊の調査報告書にまとめている。大阪市立大学・大阪商工会議所（鈴木・中瀬編）(2006)，同（富澤・鈴木・中瀬編）(2007)，同（富澤・鈴木編）(2008)。本章の一部は，これらの調査報告書の筆者担当部分を加筆・修正したものである。また，鈴木(2009) でも同様の調査結果について論じている。

3)　具体的には，従業者数300人以下の企業を調査対象にした。ただし，アンケート回答企業の中には若干，従業者数が300人を越える企業もあり，それらも含めて集計・分析した。

4)　電気・電子機械器具製造業は，電気機械器具製造業と情報通信機械器具製造業，電子部品・デバイス製造業の合計。ただし，資材供給側企業へのアンケート調査結果は，情報通信機械器具製造業と電子部品・デバイス製造業に属する企業

　　の回答がほとんどなかったため，電気機械器具製造業に限定したデータになっている。

5)　主な調達先の立地場所としては，関東地方（38.1%）や東海地方（15.9%）も少なからずあり，資材調達は関西エリア内に限定されるわけではない。また，中国（10.3%）や中国以外のアジア（8.7%）もみられ，海外調達も行われている。

6)　柳井編（2004）は，集積の利益は根本的には物と人（情報のキャリアーとしての人）の輸送費の節約ととらえ，「拡張された輸送費理論」を提起している。

7)　藤川（1999）は，関連企業との接触の利益を「調整の利益」と考え，また調整を同一リンケージ上の調整とリンケージの転換による調整に区分した。こうした同一リンケージ上の調整やリンケージの転換による調整を具体的に検討する上で，本章でのローカル・サプライチェーンの議論が役立つと考えられる。

8)　高橋（2006）は，技術シーズのホームページでの公開やマッチングナビゲーターによるビジネスマッチングなど技術シーズと技術ニーズを結び付ける新しい取り組みを紹介しながら，クラスターにおける企業間の連携を維持しながらも，企業間関係をよりオープンな形へ転換する必要性を論じている。

9)　大都市型産業集積における偶然集積の側面を純粋集積へ転換する必要性は，本書の第3章でも論じている。新たなローカル・サプライチェーンの形成を通じて異業種集積における偶然集積の部分を純粋集積に転換するといった視点は産業集積を動態的にとらえる上でも重要であると考えられる。

終章　研究の総括

第1節　はじめに

　以上，本書において，伝統的な産業立地論や近年の産業立地研究の成果を再整理しながら，グローバル化や産業集積形成など産業活動に関する現代的な問題の検討を通じて，産業立地の基本的な論理について考察してきた。

　終章では，本書での検討内容をまとめるとともに，産業立地論の体系化と新たな展開について不十分ながら論じてみたい。

第2節　企業の立地行動アプローチと経済社会の立地環境アプローチ

　本書では，産業立地論の体系化のために，企業の立地行動アプローチ（立地主体である企業の立場からの研究アプローチ）と経済社会の立地環境アプローチ（立地場所である経済社会の立場からの研究アプローチ）といった2つの切り口から，産業立地に関する基本的論理を整理・検討した。企業の立地行動アプローチと経済社会の立地環境アプローチは相互に関連しているが，分析のポイントは異なる。

　日本の産業論研究のパイオニアの一人である宮沢健一によれば，産業の概念は，ミクロの企業とマクロの国民経済の中間概念であり，研究目的に応じて細かくも粗くも設定できる。宮沢の産業論研究の分類では，ミクロに比較的近いものとして産業組織論を，マクロに比較的近いものとして産業構造論（産業構

成論）を位置づけている（宮沢, 1987, 4 ～ 14頁）。だが, 宮沢の分類には空間的（地理的）な視点がなく, 産業立地論は取り上げられていない。

図終－1　産業論研究における産業立地論の位置づけ

出所）宮沢（1987）11頁を参考に筆者作成。

　宮沢の産業論研究の分類に, 産業立地論を位置づけると, 図終－1のようになる。産業立地論は, 産業活動に関する諸問題を空間的（地理的）に考察するが, 「ミクロの企業の行動を軸に分析する」企業の立地行動アプローチと「マクロの経済社会の発展を軸に分析する」経済社会の立地環境アプローチに分けられるのである。

第3節　企業の立地行動アプローチの展開

　企業の立地行動アプローチは, 企業行動の様々な空間的側面を研究するものであるが, 狭義には, 企業が各種の事業拠点をどの場所に立地するのかといった「事業拠点の立地選択」について考察する。事業拠点の立地選択の論理は, ウェーバーらの伝統的な産業立地論が参考になる。だが, 実際の企業の立地は, ウェーバーの立地論が想定していなかった「複数拠点立地」の場合が多く, また, 産業活動連鎖（企業内および企業間における生産活動間の結び付き）のもと

で企業の立地行動がなされている。産業活動連鎖のもとで複数の事業拠点の配置を考えるためには，各事業拠点にどのような活動内容を割り当てるのかを決める「立地単位の設定」についての考察が欠かせない。また，各事業拠点を立地環境の異なる様々な場所に配置する場合もあり，事業拠点の活動内容を立地環境に合うように変更する「事業拠点の立地適応」の考察も必要となる。

　さらに，企業の立地行動アプローチにおいては，「経営資源の地理的循環の決定」についての考察も重要である。関連の事業拠点間の結び付きは物流や人流など経営資源の地理的循環によって規定されており，こうした結び付きを理解するには，企業が物流（原材料の調達や製品の出荷）や人流（技術者や営業スタッフなどの人の移動）をどのように行うのか考察することが必要となる。

　イノベーションの推進のためには知識の相互交流が欠かせないが，事業拠点間における人（技術情報・ものづくり情報などの知識を有する人）の地理的循環を考察することで，知識の相互交流が産業集積内部でどの程度活発に行われているのか，また，知識の相互交流がどの程度広域的なレベルで行われているのかが明確になる。本書で取り上げた企業のケースでは，営業スタッフが，各地に出張し，顧客企業の関係者との対面接触を通じて，顧客企業のニーズやクレームを把握するとともに，研究開発拠点の技術者との対面接触を通じて，新製品開発の参考となるニーズやクレーム情報を技術者に提供していること等がわかった。

第4節　経済社会の立地環境アプローチの展開

　立地環境とは，立地場所の経済的および非経済的な環境条件のことであり，通常，産業立地論では立地条件と呼ばれるものである。本書では，立地主体である企業の立場に対比し，立地場所である経済社会の立場を強調することを意図して，立地条件の代わりに立地環境という用語を使用した。

　経済社会の立地環境の考え方を整理・検討する上では，近年の産業立地研究

の1つであるポーターの「国や地域の競争優位性」の研究が参考になる。だが，ポーターの研究には産業構造の転換や地理的な位置についての視点が不足しており，こうした欠点を補うために，矢田の「地域構造論」における地域概念を応用した。

　国の地域構造（国土構造）は，産業構造を構成する産業活動連鎖が企業の立地行動を通じて地理的（空間的）に投影した「産業地帯」と「経済圏」といった2つの地域概念から複合的に把握することができる。産業地帯の中でも産業活動の分布密度が特に高いところが，産業集積地として認識されるが，産業集積は，経済圏の中心部に形成される「都市型産業集積」と経済圏の周辺部に形成される「非都市型産業集積」に分けられる。都市型産業集積（特に大都市型産業集積）は経営資源の地理的循環（特に知識を有する人の地理的循環）の結節点にあるため，知識の相互交流によるイノベーションの推進の可能性が比較的高いと考えられる。

　だが，東京や大阪など大都市型産業集積も，製造事業所数が大幅に縮小しつつあり，新たなリーディング産業の生成・発展を目指す必要がある。その際，異業種集積における偶然集積の部分を，業種を越えた新たな取引関係の構築などを通じて，純粋集積に転換するといった視点が重要であると考えられる。

　なお，矢田の「地域構造論」の体系では，立地主体である企業の立場からの「産業配置論」と，立地場所である地域社会の立場からの「地域経済論」をそれぞれ設けているが，両者の相互関係が必ずしも明確ではない。本書では両者を産業立地論の2つの側面に位置づける（前者を企業の立地行動アプローチに，後者を経済社会の立地環境アプローチに位置づける）ことで，より明確な論理付けを試みている。また，地域構造論ではさらに政府の地域政策を論じる「地域政策論」を別に設けているが，本書では，これも経済社会の立地環境整備（特に産業集積の形成促進策）という観点から，経済社会の立地環境アプローチに入れている。

第5節　産業立地のグローバル化とローカル化

　企業の立地行動アプローチや経済社会の立地環境アプローチを展開するために は，産業立地におけるグローバル化の側面（海外生産や海外調達の拡大など） とローカル化の側面（特定地域での産業集積形成など）の両方を考慮に入れて産 業立地の基本的論理を検討する必要がある。

　企業間における事業拠点の結び付きは，資材供給側企業（サプライヤー）と 資材調達側企業との取引関係として把握することが有用であるが，資材調達側 の大企業は，海外調達を拡大する一方で，域内の資材供給側企業（多くは中小 製造企業）とのパートナーシップを強化しようとしている。このことは，企業 の立地行動におけるグローバル化の側面とローカル化の側面を示している。

　組立型・ハイテク型重工業も含めて工業地帯がアジア大に広がって編成され るとともに，アジアの主要都市部に新興の産業集積が形成される中で，グロー バルな地域間競争の激化や産業空洞化の懸念が生じてきている。このことは， 経済社会の立地環境におけるグローバル化の側面とローカル化の側面を示して いる。

第6節　今後の課題

　最後に，産業立地論の今後の課題として，以下の3点を挙げておく。

　第1に，研究視角としての企業の立地行動アプローチに関する課題である。

　本書では，企業の立地行動における企業経営的な側面を掘り下げて検討する ために，現代の経営学研究（知識創造やアーキテクチャなどの研究など）を整理・ 検討するとともに，産業活動連鎖を踏まえた企業の立地行動についてのケース・ スタディーを行った。今後，産業立地論が経営学の基本理論としても重要な役 割を担うことができるように，こうした側面での研究をさらに積み重ねて行う

必要がある。

　第2に，研究視角としての経済社会の立地環境アプローチに関する課題である。

　本書では，経済社会の発展のための立地環境上の特性を明らかにするために，国や地域の競争優位性の研究や地域構造論を参考にしながら，立地環境上の優位性としての産業集積について検討を行った。今後，政府による効果的な立地環境整備のような政策研究をさらに進めていく必要がある。また，産業集積の問題を掘り下げて検討するためには，大阪の産業集積と域内取引の研究のように，企業の立地行動アプローチと経済社会の立地環境アプローチを複合した研究をさらに進めていく必要がある。

　第3に，研究対象とする産業に関する課題である。

　本書では，主として製造業を念頭において，産業立地の基本的な論理について考察した。だが，産業立地論の研究は製造業に限定されるものではなく，商業やサービス業なども重要な研究対象である。東京や大阪などの都市型産業集積の高度化を検討する上でも，製造業集積だけでなく商業集積やサービス業集積なども視野に入れる必要がある。したがって，今後，商業やサービス業なども含めて産業活動の地理的配置の論理を検討していくことが重要である。ただし，本書で論じた企業の立地行動や経済社会の立地環境の概念は，商業立地やサービス業立地を考察する際にも有用であると考えられる。

あ と が き

　本書は，産業立地に関する基本的な論理を体系的に整理するとともに，筆者が大阪の製造企業に対して実施してきた実態調査結果を踏まえながら，「広義での企業の立地行動」や「立地環境上の優位性としての産業集積」など産業立地論の新たな展開を試みたものである。産業立地論の基本をご指導いただいた矢田俊文教授や「矢田ゼミ」関連の先生方に，感謝したい。また，実態調査に協力していただいた企業関係者の方にも，この場を借りてお礼を申し上げたい。

　なお，本書は，第6章以外は書き下ろしであるが，以下のような著者のこれまでの研究をベースにして執筆した。

　＜初出一覧＞

　序章：書き下ろし

　第1章：書き下ろし。ただし，一部は，鈴木洋太郎（1994）『多国籍企業の立地と世界経済』大明堂，第1章および鈴木洋太郎・桜井靖久・佐藤彰彦（2005）『多国籍企業の立地論』原書房，第1章・第2章をベースにしている。

　第2章：書き下ろし。ただし，第4節のケース・スタディーの一部は，鈴木洋太郎（1999）『産業立地のグローバル化』大明堂，第3章をベースにしている。

　第3章：書き下ろし。ただし，一部は，鈴木洋太郎（1994）『多国籍企業の立地と世界経済』大明堂，第4章・第5章および鈴木洋太郎（1999）『産業立地のグローバル化』大明堂，第4章，鈴木洋太郎（2001a）「東アジア地域の産業構造転換と立地環境」『産業学会研究年報』第16号をベースにしている。

　第4章：書き下ろし。ただし，一部は，鈴木洋太郎（2003a）『マネジメントの経済学―グローカル・ビジネスと経済社会―』ミネルヴァ書房，第8章および鈴木洋太郎（2006）「企業のグローバル化と都市の国際戦略についての一考察」大阪市立大学大学院経営学研究科『都市型産業の再生と創造―最終報告書

—』3月をベースにしている。

　第5章：書き下ろし。ただし，一部は，鈴木洋太郎（2004b）「国際化について」大阪市立大学大学院経営学研究科『大阪の経済・産業・企業・資源に関するアンケート調査報告書』9月をベースにしている。

　第6章：鈴木洋太郎（2008）「グローバル競争下での産業集積と域内取引―大阪の製造企業を事例として―」『経営研究』第58巻 第4号を加筆・修正。

　終章：書き下ろし。

　これまで筆者は産業立地論の立場から多国籍企業の立地行動について研究してきたが，産業立地のグローバルな側面（企業の海外立地行動など）とローカルな側面（特定の地域における産業集積形成など）を統一的に視野に入れながら，企業の立地行動アプローチと経済社会の立地環境アプローチといった2つの切り口から産業立地論の体系を構想してみよう，との思いから本書の執筆に取り組んだ。当初の目標にどこまで到達したのか心許ないが，本書が産業立地研究の発展に少しでも寄与できれば幸いである。

　最後に，本書の出版を快くお引き受けいただいた原書房の成瀬雅人社長に謝意を表したい。また，本書を，筆者の妻・倫江と長男・優太に感謝の意を込めて贈呈したいと思う。

2009年8月

鈴木洋太郎

参 考 文 献

赤松要 (1956)「わが国産業発展の雁行形態—機械器具工業について」『一橋論叢』第36巻第5号, 68 ～ 80頁。

赤松要 (1965)『世界経済論』国元書房。

浅沼萬里 (1997)『日本の企業組織—革新的適応のメカニズム』東洋経済新報社。

阿部和俊 (1991)『日本の都市体系研究』地人書房。

生田真人 (1996)「東南アジアの都市群システムと日本の地方都市」『経済地理学年報』第42巻 第4号, 18 ～ 33頁。

石倉洋子・藤田昌久・前田昇・金井一頼・山﨑朗 (2003)『日本の産業クラスター戦略』有斐閣。

伊丹敬之・松島茂・橘川武郎編 (1998)『産業集積の本質』有斐閣。

伊藤久秋 (1976)『ウェーバー工業立地論—訂正版』大明堂。

伊東維年 (1998)『テクノポリス政策の研究』日本評論社。

植田浩史編 (2000)『産業集積と中小企業』創風社。

植田浩史 (2004)『現代日本の中小企業』岩波書店。

植田浩史編 (2004)『「縮小」時代の産業集積』創風社。

大阪市立大学大学院経営学研究科・大阪商工会議所企業経営支援委員会（鈴木洋太郎・中瀬哲史編）(2006)『大阪の産業集積と域内取引についての調査報告書』3月。

大阪市立大学大学院経営学研究科・大阪商工会議所企業経営支援委員会（富澤修身・鈴木洋太郎・中瀬哲史編）(2007)『域内取引・販路拡大についての調査報告書—資材供給側の中小企業の立場から—』3月。

大阪市立大学大学院経営学研究科・大阪商工会議所企業経営支援委員会（富澤修身・鈴木洋太郎編）(2008)『資材の域内取引についての調査報告書—大阪の産業集積の高度化に向けて—』2月。

大澤勝文 (2005)「流通機能からみた東大阪産業集積の革新性」『経済地理学年報』第51巻第4号, 18 ～ 34頁。

小田宏信 (1999)「グローバル化時代における日本の産業集積—近年の研究展望を通じて—」『経済地理学年報』第45巻第4号, 27 ～ 42頁。

春日茂男（1981, 1982）『立地の理論（上・下）』大明堂。

加藤和暢（2000）「M．ポーター——国と地域の競争優位」矢田俊文・松原宏編『現代経済地理学』ミネルヴァ書房，240～259頁。

加藤秀男（2003）『地域中小企業と産業集積』新評論。

加藤恵正（1994）「企業の空間組織再編と都市経済のダイナミズム—動的取引モードからみた『集積』概念の再検討—」『経済地理学年報』第40巻 第4号，14～24頁。

鎌倉建（2002）『産業集積の地域経済論』勁草書房。

川端基夫（2000）『小売業の海外進出と戦略』新評論。

川端基夫（2008）『立地ウォーズ—企業・地域の成長戦略と「場所のチカラ」』新評論。

北川博史（1992）「わが国における複数立地企業の事業所展開—電気機械工業を対象として—」『経済地理学年報』第38巻 第4号，38～58頁。

北九州市企画政策室企画政策課（2003）『北九州市ルネッサンス構想評価研究報告書』3月。

北村嘉行・矢田俊文編（1977）『日本工業の地域構造』大明堂。

橘川武郎・連合総合生活開発研究所編（2005）『地域からの経済再生』有斐閣。

清成忠男・橋本寿朗編（1997）『日本型産業集積の未来像』日本経済新聞社。

経済企画庁編（1962）『全国総合開発計画』大蔵省印刷局。

経済企画庁編（1967）『新産業都市等の現状』大蔵省印刷局。

小島清（1973）『世界貿易と多国籍企業』創文社。

国土庁編（1977）『第三次全国総合開発計画』大蔵省印刷局。

国土庁編（1987）『第四次全国総合開発計画』大蔵省印刷局。

国土庁編（1992）『国土統計要覧（平成4年版）』大成出版社。

国土庁編（1998）『全国総合開発計画　21世紀の国土のグランドデザイン』大蔵省印刷局。

桜井靖久（2004）「日本の多国籍企業における立地行動の論理－戦後から1970年代における電気機械産業の海外立地と国内立地」（博士論文）大阪市立大学大学院経営学研究科。

佐藤彰彦（2005）「日本の繊維・アパレル企業のアジア地域における立地行動のダイナミズム」（博士論文）大阪市立大学大学院経営学研究科。

シュルンツ・ロルフ（2003）「ヨーロッパにおける日系製造企業の経営システムの現地対応」『経済地理学年報』第49巻 第4号，1～18頁。

末吉健二（1989）「最上地域における電機工業の展開」『経済地理学年報』第35巻 第3号，41～64頁。

鈴木洋太郎（1987）「多国籍企業の立地展開と国際分業—ヴァーノン・モデルとハイマー・モデルを比較して」『経済論究』（九州大学）第68号，23〜42頁。

鈴木洋太郎・矢田俊文（1988）「産業構造の高度化と産業の国際移転—わが国繊維および電気機器産業のアジア諸国移転」宮川謙三・徳永正二郎編『アジア経済の発展と日本の対応』九州大学出版会，31〜57頁。

鈴木洋太郎（1988）「レッシュ・モデルにおける立地均衡のプロセスとクリスタラー・モデルにおける上限と下限について」『経済地理学年報』第34巻 第1号，20〜28頁。

鈴木洋太郎（1994）『多国籍企業の立地と世界経済—インターナショナル・ロケーションの研究』大明堂。

鈴木洋太郎（1999）『産業立地のグローバル化』大明堂。

鈴木洋太郎・中川万喜子・桜井靖久（1999）「産業活動の地理的変化についての理論的一考察—ヴァーノンの産業立地研究について」『経営研究』（大阪市立大学）第50巻1・2号，209〜230頁。

鈴木洋太郎（2000）「Ｐ．クルーグマン—新しい空間経済学」矢田俊文・松原宏編『現代経済地理学』ミネルヴァ書房，260〜278頁。

鈴木洋太郎（2001a）「東アジア地域の産業構造転換と立地環境」『産業学会研究年報』第16号，31〜40頁。

鈴木洋太郎（2001b）「国際産業立地」大阪市立大学商学部編『ビジネス・エッセンシャルズ③ 国際ビジネス』有斐閣，129〜151頁。

鈴木洋太郎・桜井靖久・魚江・束嘉偉・佐藤彰彦（2001）「日本製造業の中国立地についての一考察」『経営研究』（大阪市立大学）第52巻 第2号，1〜23頁。

鈴木洋太郎・佐藤彰彦・藤井吉郎・張勇（2003）「経済活動のグローバルな地理的配置についての理論的一考察—ディッケン「グローバル・シフト」の検討を中心として」『経営研究』（大阪市立大学）第54巻 第3号，11〜30頁。

鈴木洋太郎（2003a）『マネジメントの経済学—グローカル・ビジネスと経済社会—』ミネルヴァ書房。

鈴木洋太郎（2003b）「大阪産業のグローバル化」安井國雄・富澤修身・遠藤宏一編『産業の再生と大都市』ミネルヴァ書房，181〜198頁。

鈴木洋太郎（2004a）「経済圏論」柳井雅人編『経済空間論』原書房，95〜102頁。

鈴木洋太郎（2004b）「国際化について」大阪市立大学大学院経営学研究科『大阪の経済・産業・企業・資源に関するアンケート調査報告書』9月，23〜28頁。

鈴木洋太郎（2005）「東アジア諸都市の競争優位構造」田坂敏雄編『東アジア都市論の構想』御茶の水書房，183〜207頁。

鈴木洋太郎・李慧琴・姜天勇（2005）「日本企業の中国立地の新展開について」『経営研究』（大阪市立大学）第55巻 第3・4号，47〜72頁。

鈴木洋太郎・桜井靖久・佐藤彰彦（2005）『多国籍企業の立地論』原書房。

鈴木洋太郎（2006）「企業のグローバル化と都市の国際戦略についての一考察」大阪市立大学大学院経営学研究科『都市型産業の再生と創造―最終報告書―』3月，159〜171頁。

鈴木洋太郎（2008）「グローバル競争下での産業集積と域内取引―大阪の製造企業を事例として―」『経営研究』第85巻第4号，113〜125頁。

鈴木洋太郎（2009）「大阪の産業集積と資材の域内調達」富澤修身編『大阪新生へのビジネス・イノベーション』ミネルヴァ書房，127〜132頁。

須田昌弥（1995）「我が国製造業におけるオフィス立地と工場立地の一致」『経済地理学年報』第41巻 4号，84〜96頁。

関満博（1996）「地域産業空洞化とマニュファクチャリング・ミニマム」『経済地理学年報』第42巻 第4号，55〜69頁。

平篤志（2005）『日本系企業の海外立地展開と戦略―都市圏・地域圏スケールにおける地理学的分析』古今書院。

高橋信弘（2006）「企業間の共同開発をどう促進するか―共同開発の大阪モデルとクラスター形成―」『経営研究』（大阪市立大学）第57巻 第1号，15〜31頁。

立見淳哉（2006）「産業集積地域の発展におけるローカルな慣行」『創造都市研究』（大阪市立大学）第2巻 第1号，1〜16頁。

田村大樹（2000）『空間的情報流と地域構造』大明堂。

田村大樹（2004）「空間克服と空間的フロー」柳井雅人編『経済空間論』原書房，17〜23頁。

外川健一（2001）『自動車とリサイクル』日刊自動車新聞社。

富田和暁（1991）『経済立地の理論と実際』大明堂。

西岡久雄（1976）『経済地理分析』大明堂。

林上（1986）『中心地理論研究』大明堂。

藤川昇悟（1999）「現代資本主義における空間集積に関する一考察」『経済地理学年報』第45巻 第1号，21〜39頁。

藤本隆宏・西口敏広・伊藤秀史編（1998）『リーディングスサプライヤー・システム』有斐閣。

藤本隆宏（2004）『日本のもの造り哲学』日本経済新聞社。

二神恭一・西川太一郎編（2005）『産業クラスターと地域経済』八千代出版。

松島克守・坂田一郎・濱本正明（2005）『クラスター形成による「地域新生のデザイン』東大総研。

松永裕己（2004）「地域政策論」柳井雅人編『経済空間論』原書房，106 〜 119頁。

松橋公治（1990）「工業の構造転換と工業の立地・地域構造の変動」西岡久雄・松橋公治編『産業空間のダイナミズム』大明堂，27 〜 38頁。

松橋公治・富樫幸一（1986）「工業地域構造の形成と変動」川島哲郎編『経済地理学』朝倉書店，73 〜 122頁。

松原宏（1990）「多国籍企業の立地と地域の変貌」西岡久雄・松橋公治編『産業空間のダイナミズム』大明堂，177 〜 192頁。

松原宏（1991）「寡占間競争下における工業立地理論と空間価格理論」『西南学院大学経済学論集』第26巻 第2・3合併号，121 〜 155頁。

松原宏（1999）「集積論の系譜と『新産業集積』」『東京大学人文地理学研究』vol.13，83 〜 100頁。

松原宏編（2002）『立地論入門』古今書院。

松原宏（2006）『経済地理学—立地・地域・都市の理論』東京大学出版会。

水野真彦（1997）「自動車産業の事例から見た企業間連関と近接」『地理学評論』第70巻 第6号，352 〜 369頁。

水野真彦（1999）「制度・慣習・進化と産業地理学—90年代の英語圏の地理学と隣接分野の動向から—」『経済地理学年報』第45巻第2号，42 〜 61頁。

宮沢健一（1987）『産業の経済学（第2版）』東洋経済新報社。

宮町良広（1998）「アジアにおける国際的都市システムの形成」松原宏編『アジアの都市システム』九州大学出版会，17 〜 62頁。

森川洋（1980）『中心地論（Ⅰ）』大明堂。

矢田俊文（1982）『産業配置と地域構造』大明堂。

矢田俊文編（1990）『地域構造の理論』ミネルヴァ書房。

矢田俊文（1991）「日本の地域構造と西南経済圏」矢田俊文・今村昭夫編『西南経済圏分析』ミネルヴァ書房，2 〜 18頁。

矢田俊文（1999）『21世紀の国土構造と国土政策』大明堂。

矢田俊文・松原宏編（2000）『現代経済地理学』ミネルヴァ書房。

柳井雅人(1989)「地域構造把握の一視角」『経済地理学年報』第35巻 第2号, 36 〜 49頁。

柳井雅人（1997）『経済発展と地域構造』大明堂。

柳井雅人編（2004）『経済空間論』原書房。

柳井雅也（1990）「先端技術産業の立地展開と地域構造」西岡久雄・松橋公治編『産

業空間のダイナミズム』大明堂，53 〜 71頁。

柳井雅也（1998）「日本の電気機械産業の地域的展開―各県別生産規模・生産性に基づく分析」『熊本学園大学経済論集』第5巻 第1・2合併号，247 〜 272頁。

山川充夫（1986）「国際分業の進展と地域構造の変動」川島哲郎編『経済地理学』朝倉書店，251 〜 277頁。

山川充夫（1993）「企業空間と求心的地域構造」山川充夫・柳井雅也編『企業空間とネットワーク』大明堂，1 〜 23頁。

山﨑朗（1988）「工業立地論からみた都市の形成・発展―ウェーバー工業立地論を手がかりとして―」『経済地理学年報』第34巻 第4号，41 〜 58頁。

山﨑朗（1992）『ネットワーク型配置と分散政策』大明堂。

山﨑朗（1998）『日本の国土計画と地域開発』東洋経済新報社。

山﨑朗（1999）『産業集積と立地分析』大明堂。

山﨑朗編（2002）『クラスター戦略』有斐閣。

山名伸作（1972）『経済地理学』同文舘。

山本健兒（2005）『産業集積の経済地理学』法政大学出版局。

渡辺利夫（1985）『成長のアジア　停滞のアジア』東洋経済新報社。

渡辺幸男（1997）『日本機械工業の社会的分業構造』有斐閣。

Alonso, W.（1964）*Location and Land Use*, Harvard University Press.（大石泰彦・折下功訳『立地と土地利用』朝倉書店，1966年）.

Camagni, R. ed.（1991）*Innovation Networks: Spatial Perspective*, London: Belhaven Press.

Christaller, W.（1933）*Die Zentralen Orte in Süddeutschland*, Jena: G. Fischer.（江沢譲爾訳『都市の立地と発展』大明堂，1969年）.

Dicken, P.（1998）*Global Shift: Transforming the World Economy*, 3nd ed., The Guilford Press.（宮町良広監訳『グローバル・シフト（上・下）』古今書院，2001年）.

Dunning, J.H.（1979）"Explaining Changing Patterns of International Production: In Defence The Eclectic Theory," *Oxford Bulletin of Economics and Statistics*, November, pp.269-295.

Dunning, J.H.（1988）*Explaining International Production*, Unwin Hyman.

Friedmann, J.（1986）"The World City Hypothesis," *Development and Change*, Vol.17, pp.69-83.

Fujita, M., Krugman, P. and Venables, A.J.（1999）*The Spatial Economy: Cities, Regions and International Trade*, Cambridge, Mass.: The MIT Press（小出博之訳

『空間経済学』東洋経済新報社，2000年）.

Greenhut, M.L.（1956）*Plant Location in Theory and in Practice*, The University of North Carolina Press.（西岡久雄監訳『工場立地（上・下）』大明堂，1972年）.

Hoover, E.M.（1948）*The Location of Economic Activity*, New York: McGraw-Hill.（春日茂男・笹田友三郎訳『経済活動の立地』大明堂，1970年）.

Hoover, E.M. and Vernon, R.（1959）*Anatomy of Metropolis*, Cambridge: Harvard University Press.（蠟山政道監訳『大都市の解剖』東京大学出版会，1965年）.

Hymer, S.H.（1960）"The International Operation of National Firms: A Study of Direct Foreign Investment," Unpublished Doctoral Dissertation, MIT, June.（宮崎義一編訳『多国籍企業論』岩波書店，1979年，第Ⅰ部）.

Hymer, S.H.（1972）"The United States Multinational Corporation and Japanese Competition in the Pacific," Chuokoron-sha, Spring.（宮崎義一編訳『多国籍企業論』岩波書店，1979年，第Ⅱ部第5章）.

Isard, W.（1956）*Location and Space- Ecomony*, The MIT Press.（木内信蔵監訳『立地と空間経済』朝倉書店，1964年）.

Krugman, P.（1991）*Geography and Trade*, Leuven: Leuven University Press.（北村行伸・高橋亘・妹尾美起訳『脱「国境」の経済学』東洋経済新報社，1994年）.

Lösch, A.（1940）*Die räumliche Ordnung der Wirtschaft*, Jena: G. Fischer.（篠原泰三訳『レッシュ経済立地論（新訳版）』大明堂，1991年）.

Markusen, A.（1996）"Sticky Places in Slippery Space—A Typology of Industrial Districts," *Economic Geography*, Vol.72, No.3, pp.293-313.

Marshall, A.（1880）*Principles of Economics*, London: The Macmillan Press.（馬場啓之助訳『経済学原理Ⅱ』東洋経済新報社，1966年）.

Massey, D.（1984）Spatial Divisions of Labour: Social Structures and the Geography of Production, London: Methuen.（富樫幸一・松橋公治監訳『空間的分業』古今書院，2000年）.

Martin, R. and Sunley, P.（1996）"Paul Krugman's Geographical Economics and Its Implications for Regional Development Theory: A Critical Assessment," *Economic Geography*, 72-3, pp.259-292.

Nonaka, I. and Takeuchi, H.（1995）*The Knowledge Creating Company: How Japanese Companys Create the Dynamics of Innovation*, Oxford University Press.（梅本勝博訳『知識創造企業』東洋経済新報社，1996年）.

Palander, T.（1935）*Beitrage zur Standortstheorie*, Uppsala: Akademisk Avhandling.

（篠原泰三訳『立地論研究（上・下）』大明堂，1984年）.

Park, S. O. (1996) "Networks and Embeddedness in the Dynamic Types of New Industrial Districts," *Progress in Human Geography*, Vol.20, No.4, pp.476-493.

Piore, M.J. and Sabel, C.F. (1984) *The Second Industrial Divide*, New York: Basic Books.（山之内靖・永易浩一・石田あつみ訳『第二の産業分水嶺』筑摩書房，1993年）.

Porter, M.E. (1980) *Competitive Strategy*, New York: The Free Press.（土岐坤・中辻萬治・服部照夫訳『競争の戦略』ダイヤモンド社，1982年）.

Porter, M.E. ed. (1986) *Competition in Global Industries*, Harvard Business School Press.（土岐坤・小野寺武夫・中辻萬治訳『グローバル企業の競争戦略』ダイヤモンド社，1989年）.

Porter, M.E. (1990) *The Competitive Advantage of Nations*, New York: The Free Press.（土岐坤・中辻萬治・小野寺武夫・戸城富美子訳『国の競争優位（上・下）』ダイヤモンド社，1992年）.

Porter, M.E (1998) "Clusters and the New Economics of Competition," *Harvard Business Review*, November-December, pp.77-90.（沢崎冬日訳「クラスターが生むグローバル時代の競争優位」『ハーバード・ビジネス』ダイヤモンド社，1999，28～45頁）.

Pred, A.R. (1974) "Industry, Infomation and City-System Interdepencies," in Hamilton, F.E.Ian ed., *Spatial Perspectives on Industrial Organization and Decision-making*, John Wiley & Sons, pp.105-139.

Scott, A.J (1988) *Metropolis: From the Division of Labor to Urban Form*, Berkeley: The University of California Press.（水岡不二雄監訳『メトロポリス』古今書院，1996年）.

Smith, D.M. (1971) *Industrial Location: An Economic Geographical Analysis*, John Wiley & Sons.（西岡久雄・宮坂正治・黒田彰三訳『工業立地論（上・下）』大明堂，1982年，1984年）.

Thünen, J.H.von. (1826) *Der Isolierte Staat in Beziehung auf Landwirtschaft und Nationalökonomie*.（近藤康男・熊代幸雄訳『孤立国』日本経済評論社，1989年，第Ⅰ部）.

Vernon, R. (1960) *Metropolis 1985*, Cambridge: Harvard University Press.（蠟山政道監訳『大都市の将来』東京大学出版会，1968年）.

Vernon, R. (1966) "International Investment and International Trade in the Product Cycle," *Quarterly Journal of Economics*, Vol.80, pp.190-207.

Vernon, R. (1971) *Sovereignty at Bay: The Multinational Spread of U.S. Enterprises*, New York: Basic Books Inc. (霍見芳浩訳『多国籍企業の新展開』ダイヤモンド社, 1973年).

Weber, A (1909) *Über den Standort der Industrien*, 1. Teil. Tubingen: Verlag von J.C.B.Mohr. (篠原泰三訳『工業立地論』大明堂, 1986年).

索　　引

著者略歴
鈴木洋太郎（すずき・ようたろう）
一九六〇年生まれ
九州大学大学院後期博士課程修了
博士（経済学）
大阪市立大学大学院経営学研究科教授
主要著書『多国籍企業の立地と世界経済』
（大明堂、一九九四年）。『産業立地の
グローバル化』（大明堂、一九九九年）。
『マネジメントの経済学』（ミネルヴァ
書房、二〇〇三年）。『多国籍企業の立
地論』（共著、原書房、二〇〇五年）。

産業立地論
　　　　　●
2009 年 *11* 月 *30* 日　発　行
2014 年 *1* 月 *10* 日　第 2 刷

著者……鈴木洋太郎
発行者……成瀬雅人
発行所……株式会社原書房
〒160-0022 東京都新宿区新宿1-25-13
電話・代表03（3354）0685
http://www.harashobo.co.jp
振替・00150-6-151594
印刷……株式会社明光社印刷所
製本……誠製本株式会社

さんぎょうりっ ち ろん
産業立地論（オンデマンド版）

2021年9月15日　発行

著　者　　　鈴木　洋太郎
　　　　　　すずき　ようたろう

発行者　　　成瀬　雅人

発行所　　　株式会社　原書房
　　　　　　〒160-0022　東京都新宿区新宿1-25-13
　　　　　　TEL　03(3354)0685　FAX　03(3354)0736
　　　　　　URL　http://www.harashobo.co.jp

印刷・製本　　株式会社　デジタルパブリッシングサービス
　　　　　　URL　http://www.d-pub.co.jp/